You Are Not Going on a Cook's Tour Lad

애송이, 재미있는 여행을 떠나는 게 아니라고!

로버트 헤이튼
Robert Hayton

대동field

헌정사

이 책을
과거와 현재,
그리고
미래의 가족 모두에게
바칩니다.

들어가며-

    이 책은 나의 군 복무 경험에 관한 이야기다. 함께 전투에서 싸웠으나 같이 돌아오지 못한 전우들을 추모하는 마음으로 이 글을 썼다.

    사람들은 한국전쟁에 대해 잊었고 그 끔찍한 갈등 상황에서 우리 영국군이 얼마나 큰 희생을 치렀는지 잘 알지 못한다. 그 전쟁에 참여했던 군인들 대다수는 정규군이 아니었다. 대부분이 나처럼 세계 2차대전 이후 징집된 매우 어린 청년들이었다. 사실 이 기억 중 어떤 것들은 글로 옮기기조차 힘들 정도로 참혹한 것이었다. 그래서 정말 끔찍한 최악의 경험은 여기에 적지 않았다.

    하지만 나는 내 경험 중 어느 것도 빠뜨리고 싶지 않다. 좋은 기억도 있었으며, 시간의 시험을 이겨낸 아름다운 우정을 쌓은 이야기도 있다.

그 시절의 이야기를 쓰는 것은 우리 가족과 미래 세대를 위해, 우리 병사들이 실제로 체험한 내용을 기록으로 남겨두기 위해서다. 이 책을 쓰는 일은 크나큰 즐거움이었다. 이 글을 읽는 여러분도 내 경험의 한 부분을 공유하며 한국전쟁에 대해, 그리고 그때 스러져간 병사들에 대해 다시 한번 생각해 보는 계기가 되었으면 한다.

2016년 5월
로버트 헤이튼

목차 contents

헌정사 / 3

프롤로그 / 4

1. 소집과 신병 훈련 / 12
2. 베를린으로 / 31
3. 계속되는 훈련 그리고 귀향 휴가 / 39
4. 한국으로의 여정 / 44
5. 바로 한국전쟁 전선으로 / 53
6. 참호 전장의 일 년 / 63
7. 한국 철수 / 97
8. 군복무 시절의 마지막 일화 / 100
9. 다시 민간인의 삶으로 / 107

밥 헤이튼, 베를린 1952

PROLOG
프롤로그

여러분이 이 글을 읽기에 앞서, 우선 한국에서 일어난 '한국전쟁(1950년~1953년)'에 대해 간략하게나마 알려두고자 한다.

한국은 일본 식민지 국가 중 하나였다가, 2차대전에서 일본이 패망하자 1945년 8월 15일 독립국가가 되었다. 그러나 해방되고 얼마 지나지 않아 한반도에는 남쪽과 북쪽에 서로 다른 정치 체제가 들어서면서, 38선을 경계로 두 개의 정권으로 나뉘고 만다. 북한은 구소련의 지원을 받는 공산주의 정권, 남한은 북의 공산 정권에 대항하는 친서방 정권이 들어섰다. 이러한 분단상태에서 1950년 6월 25일, 북한은 선전포고도 없이 남한을 기습 침공했다.

미국은 1950년 6월, 아시아에서의 공산주의 확산을 막기 위해 이 전쟁에 참전, 남한을 지원하기로 했다. 영국은 미국의 동맹국으로서 참전을 결정했다. 이로써 미국을 비롯한 친서방 16개국이 UN군의 휘장 아래 집결하여 한국을 도왔다. 한편 공산주의 국가인 중국은 북한을 지원하며 군대를 파견했다. 구소련도 북한군을 지원했다.

3년여에 걸친 전쟁이 막바지에 이르고, 1953년 7월 27일 마침내 남북 간의 정전 협정이 체결되었다. 이 전쟁으로 5백만 명의 군인과 민간인이 사망했으며, 한반도의 대부분 지역이 처참하게 유린당했다. 한반도는 아직도 분단 상태다.

1
소집과 신병 훈련

고등학교 졸업 후, 전기공 실습생으로 일하고 있던 나는 스물한 살까지 징집이 연기돼 있었다. 그러다 스물한 살 생일이 되자 소집 통지서가 어김없이 날아들었다. 14일 내로 브란스페스 캐슬(Brancpeth Castle)에 있는 더럼 경보병연대(DLI) 제1 대대로 출두하라는 내용이었다.

마침내 1951년 12월 2일, 예고된 날이 다가왔다. 입고 있는 것 외에 어떤 의복도 가져오지 말라는 지침을 받았다. 가지고 갈 수 있는 물건은 면도칼, 구두약, 다양한 용도의 청소도구, 비누 이런 것들이었다. 약간의 돈을 호주머니에 챙기고, 준비한 물품은 종이봉투에 담았다. 역으로 향하는 나를 부모님이 배웅해 주었다.

기차는 켄들(Kendal)과 버나드 캐슬(Barnard Castle)을 지

나 더럼 시티(Durham City)로 향했다. 역에 도착하니 3톤 트럭이 대기하고 있었고, DLI에서 나온 상병 한 명이 우리를 향해 소리쳤다. "잽싸게 트럭 뒤로 올라타라."

트럭에 오르니 여남은 명의 젊은이들이 이미 자리를 잡고 있었다. 트럭은 우리를 브란스페스 캠프 정문 앞에 내려주었다. 정문을 통과하다가 돼지 얼굴에 황소 목을 한 못생긴 어떤 인물과 마주쳤다.

잠시 후, 그의 환영 인사는 다음과 같았다.

"너, 이리 와봐. 내가 누군지 아나?"

나는 대답했다.

"모릅니다, 병장님."

"나는 헌병 하사관이다. 대대에서는 나를 '호크'라고 부르지. 지금부터 널 주의해서 보겠다. 여기에 오래 머물지는 않을 거다. 6주 후에는 베를린으로, 그 다음은 한국으로 가게 될 거다. 그러니까 저기 있는 막사를 향해 날쌔게 움직여!"

그는 100야드쯤 떨어진 긴 목조 건물을 가리키며 소리쳤다.

건물에 들어서자 당직 사병이 이름과 신상 정보를 물은 다음, 차 한 잔과 쉰내 나는 딱딱한 빵 한 덩이를 건네주었다. 차를 마시며 다른 신병들과 간단한 인사를 나누자, 이번에는 우리를 건물 끝의 작은 방으로 데리고 갔다. 그곳은 이발소였다! 이발 의자에 앉았다. 이발사의 전기면도기가 정수리를 훑고 지나가며 내 머리를 휑하게 만드는 걸 느낄 수 있었다. 이발소 벽 표지판에는 다음과 같은 경고가 붙어 있었다.

이발. 불평하지 말 것. 불평하는 자는 징계 처분 – 연대 주임원사(RSM).

연대 주임원사는 대체 누구일까? 뭐, 곧 알게 되겠지.

우리는 첫 주 급료로 14실링(70펜스)을 받았다. 그런 다음 병참 창고로 안내되었는데, 그곳에서 지급되는 비품들을 받아 군용 배낭에 넣었다. 머그컵 하나와 스푼, 포크 등을 받고 나니 2/6d (12 1/2p)가 공제되었다. 일주일의 급료가 얼마 남지 않았다. 다음은 막사를 향해 열을 지어 갔다. 모두 80명 정도였다. 그곳에서 우리는 후지(Hooge) 중대와 잉커맨(Inkerman) 중대로 나뉘었다. 나는 후지 중대였다.

막사 내무반에는 작은 철제 침대가 두 줄로 놓여있었다. 한

줄당 20개씩의 침대였다. 각각의 침대 옆에는 관물대가, 위쪽에는 선반이 있었다. 바닥은 맨 마룻장이었다. 우리는 이 마룻장을 곧 반질반질하게 닦게 된다.

방 한가운데는 연통이 지붕 위까지 곧게 연결된 검은색 철난로가 있었다. 내가 사용할 침대를 정하고 막 짐을 정리하려던 바로 그때, 누군가 문을 박차며 들어오며 고함을 질러 댔다.

"휴대용 식기통을 들고 밖으로 뛰쳐나가 3열 횡대로 정렬! 맨 마지막으로 나오는 자는 오늘밤 본 하사관의 장비 손질 담당이다! 움직여!"

그러자 신병들이 서로 먼저 나가려고 문 쪽으로 우르르 몰려들었다. 맨 꼴찌는 운 나쁘게도 하사관의 장비를 닦아야 한다니 말이다.

우리는 밖으로 나가 3열 횡대로 정렬했다. 점호가 시작되었다. 이름이 불리면, 재빨리 차렷 자세로 "옛, 하사관님!"이라고 소리쳤다. 그리고 빠르게 다시 쉬어 자세를 취했다. 우리가 기다리는 동안 군 나팔은 "소년아, 식당 문으로 오게나"

를 연주했다.

"앞으로 갓!" 구령이 떨어졌다. 쉬어 자세로 있던 우리는 재빨리 차렷 자세를 하고 연대 표준인 분당 160의 구보 속도로 행진했다. 얼마 지나지 않아 우리가 받는 훈련과 구보 속도는 중보병대와는 다르다는 사실을 알게 되었다. 중보병대의 구보 속도는 분당 120이었다. 하지만 우리는 경보병대였으니까.

우리는 머그컵과 식기구를 왼손에 들고, 등을 반듯이 편 자세로 식당 바깥에서 기다렸다. 이어 검사를 받기 위해 식기구 든 손을 앞으로 내밀고 일렬로 서서 식당 안으로 들어갔다. 이런 관행은 이후의 군복무 기간 내내 지속되었다.

여드름투성이의 취사병이 지저분한 양철 식판에 음식을 내던지듯 담아주었고, 우리는 가지고 온 머그컵으로 지독한 냄새가 나는 차 항아리에서 차를 떠냈다. 나중에 알게 된 사실이지만, 차에는 진정제의 일종인 브롬화물이 섞여 있어서 그랬다. 그러고는 나란히 놓인 더러운 나무 식탁에서 꼿꼿이 앉은 자세로 식사를 했다.

식당에서 나갈 때는 쓰레기통에 받아놓은 차가운 물에 양철 식판을 담갔다가 꺼낸다. 물이 차가워서 항상 기름이 둥둥 떠 있었다. 밖에 있는 작은 돌멩이나 모래를 가져다 문질러야 식판을 깨끗이 닦을 수 있었다.

식사를 마치고 나면 다음은 온갖 장비의 손질 차례다. 모든 종류의 벨트와 끈에는 블랑코 도료를 칠하고, 금속이란 금속은 모두 번쩍번쩍 광이 나게 닦는다. 군화는 코 부분을 위쪽으로 반듯이 세워서 보관하고, 외투를 포함한 군복은 깔끔하게 다려놓는다.

여기서 끝이 아니다. 막사 내무반 바닥을 반질반질 윤이 나도록 닦고, 창문은 먼지 하나 없이 깔끔하게 관리하고, 심지어 난로의 시커먼 연통까지 말끔하게 닦아놓는다. 막사 밖 청소 또한 마찬가지. 빗자루는 손잡이까지 박박 닦고, 석탄을 담은 아연통은 크롬통으로 착각할 정도로 문지른다. 침대는 줄을 맞춰 나란히 해두고, 침대보와 모포는 매일 아침 같은 모양과 크기로 단정하게 개어 놓는다.

밤이면 밤마다, 개인 장비를 침대에 올려놓고 점검을 받았다. 18시 전에 침대에 걸터앉는 일은 금지사항이었다. 그뿐

인가. 매일 아침 첫 열병식 전에 화장실 구역도 청소했다. 관물함도 정해진 선반에 정해진 물품을 올려놓는다. 누구의 관물함이든 침대든 문을 열면 모두 똑같이 보여야 하니까. 하지만 이건 시작에 불과했다! 나중에 설명하겠지만 베를린에서의 상황은 이보다 훨씬 심했다.

캠프 입소 첫날, 우리는 06시에 울리는 기상나팔 소리에 잠이 깼다. 막사 문을 막대기로 두드리는 소리가 나더니 하사관이 문을 박차고 들어오며 소리쳤다.
"아침 기상나팔 소리와 동시에 제군들의 두 발은 바닥을 딛고 서 있어야 한다. 침대에서 미적거리는 게 내 눈에 띄는 자는, 신에게 도움을 청하는 게 좋을 거다."

우리는 청소와 윤내기를 시작했다. 첫 열병이 개시되기 전에 청소를 끝내야 하므로. 아침 열병은 07시였고, 원하든 원치 않든 모두가 아침 식사를 향해 열을 맞춰 움직였다. 점호를 받아야 하기 때문이다. 아침 열병이 하루의 첫 열병이며, 곧바로 대대장의 열병이 시작되었다.

08시에는 내무반 점검이다. 문짝의 윗부분과 전구 갓 위까지 먼지 상태를 꼼꼼히 살피고 침대 간격이 일정한지도 확인한다. 검사를 받는 동안 병사들은 자기 침대 옆에 꼿꼿이 서서 기다린다. 이런 점검은 하루 세 차례까지 행해질 수 있는데, 어떤 때는 불시에 이루어지기도 한다.

우리가 입소한 첫날 아침에는 모든 병사가 양팔에 세 방씩, 총 6회의 예방접종을 받았다. 08시 30분이 되자 우리는 모두 의료점검과 예방접종을 위해 군의관 앞으로 갔다. 주사기 바늘을 꽂을 때 주사기나 바늘이 부러지는 일도 있었다. 예방접종을 마치자, 군의관이 우리에게 24시간 휴식할 것을 지시했다.

막사로 돌아와 군의관의 지시사항을 하사관에게 전달했다. 하사관은 불같이 화를 내며 고래고래 고함을 질러댔다. 그리고는 덧붙였다. "내게 더 좋은 생각이 있다. 제군들의 뻣뻣한 팔을 내가 풀어주지. 연병장에서 말이다."

네 시간 정도 연병장에서 훈련 하자 과연 팔이 풀리는 듯도 했다.

이제 우리는 6주간의 본격적인 훈련에 들어갔다. 신체 훈련, 경사로 행군, 소총 훈련, 크로스컨트리 달리기, 전방·좌향·우향 경례 등의 훈련을 받았다. 군복은 몸에 맞게 재단되었다. 리 엔필드 MK 4 소총, 브렌 경기관총, 스텐 기관단총 등의 화기 사용법을 익혔다. 때로는 1000야드를 달리고 난 후 사정거리 안에서 사격도 했다. 한 달 동안은 캠프 밖으로 나가는 일이 허용되지 않았고, 나간다 해도 군인답게 행동해야 했다.

드디어 외출이 허용되는 날이 왔다. 그 전에 우리는 입고 왔던 사복을 갈색 종이에 싸서 집으로 보내라는 지시를 받았다. 이제는 사복을 갖고 있을 필요가 없어졌기 때문이다.

급료 열병은 목요일에 있었는데, 이 일은 하루 내내 걸렸다. 우리는 바깥에 정렬한 채 기다리다가 검열을 받았다. 한 장교가 양옆에 병사를 세워두고 탁자에 앉아있었다. 우리는 기다리다 자기 이름이 호명되면 잽싸게 탁자 앞으로 갔다. 내 차례가 오자 나는 경례를 하고 재빨리 오른손을 전투복 상의 왼쪽 주머니에 넣어 페이북을 꺼낸 다음, 다시 단추를 잠그고 페이북을 탁자 위에 놓았다. 장교가 급료를 건넸다. 원래는 28실링(1.40 파운드)이어야 했으나, 이발 비용과 막사 손상 비용, 의복 비용 등을 공제하고 17실링 6페니(87 1/2펜스)를 받았다. 세어보지도 않고 돈을 페이북 사이에 넣고 다시 왼쪽 주머니에 집어넣었다. 단추를 잠그고 "급료가 맞게 지급되었습니다"라고 외친 후 경례를 하고 돌아서서 열 맞춰 걸어 나왔다.

18시 30분경, 우리는 드디어 캠프에서 나올 준비가 되었다. 가장 좋은 전투복, 초록색 베레모, 벨트, 군화와 각반까지 단정하게 차려입었다. 외출 예약을 위해 위병소 밖에서 기다리다가 내 차례가 오자 재빠르게 탁자로 가서 "0461번 헤이튼입니다"라고 외쳤다. 그러면 전반적인 복장 검사가 행해진다. 군복이 제대로 다려져 있는지, 모자에 달린 배지를 비롯해 모든 금속이 다 깨끗한지, 군화는 광이 나도록 잘 닦였는지, 등등. 복장 검사가 끝나면 앞으로 나아가 출입기록부에 외출 시간을 적고 서명한 뒤 돌아서서 나간다.

캠프 복귀 시간은 22시 59분이었다. 누구든 조금이라도 늦으면, 밖에 서서 기다리는 중이라 할지라도 위반으로 간주되어 혹독한 징계를 받는다. 복귀할 때도 외출할 때와 같은 절차를 거친다. 외출에도 운이 필요하지만 복귀에도 운이 필요하다. 나는 22시경 캠프에 복귀했다. 소등은 23시 취침 나팔 소리에 따라 실시된다. 매일 약 120가지의 나팔 신호가 있는데, 우리는 당연히 그 모든 것을 숙지해야 했다.

이렇게 힘든 6주를 보내고 나면, 다음은 통과 열병식이 기다리고 있다. 이날은 아내와 부모를 비롯한 가족들이 초청되어 열병식을 관람한다. 2개 중대 모두 훈련 천막 뒤에 줄지어 서서 대기했다. 나팔 소리가 '전진'을 알렸다. 군악대가 연대 행진곡을 연주하자 우리는 연병장으로 가서 대령과 부관, 그리고 연대 선임하사관에게 사열을 받았다. 그날 최우수 훈련생과 최우수 사격병에게 메달이 수여되었는데, 놀랍게도 내 이름이 호명되었다. 나는 메달을 받으러 나갔다.

열병식이 끝나자 우리에겐 7일간의 승선(Embarkment) 전 휴가가 주어졌다. 독일로 떠나기 전에 받는 휴가였다. 캠프에서 우르르 몰려나온 나온 우리는 단번에 사람들 눈에 띄었다. 말쑥하게 차려입은 청년들, 주머니에 손을 찔러넣지도 않은 반듯한 자세의 젊은이들이어서 모두가 자랑스러워 보였다. 더럼 경보병대가 기대하는 병사들의 모습이었다. 나는 모든 테스트를 통과했고, 집으로 가기 전 소령과 면담을 했다. 소령은 내가 전 부문에서 A1의 좋은 성적으로 통과했다고 말해주었다. 우리는 늘 더럼 사람들에게 존중받았다.

휴가는 매우 빠르게 지나갔다. 부모님들은 그 짧은 시간에 이토록 다른 모습으로 변모할 수 있는지, 우리를 보고 놀라는 것 같았다.

휴가를 마치고 캠프로 돌아가니 새로 온 신병들과는 얽히지 말라는 지시가 내려왔다. 독일로 떠나야 하는 아침이 왔다. 나는 그 전날 성곽 불침번을 섰기에 매우 피곤했다.

* * *

여기서, 내가 경험했던 진료 열병 일화를 소개하겠다.
소집되고 얼마 안 되었을 무렵이었는데, 내가 받은 군화 한 짝이 너무 작았다. 원래는 9 사이즈인데 8.5 사이즈였던 것이다. 군복 열병은 화요일 오후에 있었다. 병참 창고로 내려갔으나, 그곳에서는 군화를 바꿔주려 하지 않았다. 담당자는 군의관에게 확인서를 먼저 받아와야 한다며, 확인서 없이 다른 군화로 바꾸려면 구매하는 수밖에 없다고 했다. 군화가 손상되었다면 비용을 지불해야 하기 때문이다.

군화는 닦는 과정에서도 손상될 수 있다. 군화를 닦을 때, 발가락이 부드럽게 들어가도록 코크스 난로에 가열한 뜨거운 숟가락을 넣어 발가락 윗부분을 문지르면서 주름을 없앤다. 그런 다음 침을 뱉고 검은색 구두약을 바른 뒤, 거울처럼 반들거릴 때까지 윤이 나게 닦는다. 군화 끈도 판판하게 다리고, 군화의 징도 윤나게 닦는다. 징은 한쪽에는 열두 개, 다른 한쪽에는 열세 개가 박혔는데 왜 그런지는 나도 모르겠다. 신발의 발등을 반짝반짝 빛이 나게 닦아야 하는 건 물론이요, 발등 아랫부분에 달린 네 개의 금속 핀 역시 광나게 닦아야 한다. 내 군화는 손상된 것으로 간주되어, 군화를 교환하면 공제 내역에 기록이 남는다(이 일에 대해서는 나중에 설명하겠다).

이런 연유로 나는 확인서를 받기 위해 진료 신청을 하기로 했다. 진료 신청을 하려면 선임하사관이 07시경 막사를 점검하며 돌 때 그에게 보고해야 한다. 일단 진료를 신청하면 막사에서 나올 수가 없다. 군인회에서 운영하는 상점에 가는 것도 허용되지 않는다.

다음 날 아침, 진료 신청을 하기 위해 모든 장비와 침구, 침대를 가지고 병참 창고로 가서 해당 영수증을 받았다. 의복은 최상의 전투복이어야 하고, 군화는 반질반질 윤이 나야 하며, 면도용 비누, 반짇고리, 깨끗한 양말, 속옷, 수건 등을 넣은 작은 가방과 여분의 군화 끈도 챙겨야 했다.

진료 열병을 받으려면 09시 직전, 위병소 뒤편에 집합해서 나팔이 진료 신호를 알리기를 기다려야 한다. 진료신호는 연대신호 바로 전에 울렸다. (더럼 경보병대 나팔 신호 64번과 94번: '더 이상 아플 일 없으리~' 너무 늦었다. 너무 늦었다. 불쌍한 놈은 죽었다!')

진료 신호 나팔 소리가 울리면 우리는 위병소에서 나와 일열로 정렬한 뒤, 차렷 자세로 30분 정도 서서 대기한다. 그러면 그 무시무시한 연대 주임원사가 와서 병사들을 차례차례

앞뒤로 꼼꼼히 살핀다.

어떤 사람에게는 작은 가방 안의 물건을 모조리 꺼내놓으라고 지시하기도 한다. 짐 싸는 방식이 대대가 요구하는 정석대로인지 확인하기 위해서다. 어떤 사람은 벨트를 비롯한 모자 배지의 뒷면까지 제대로 광을 냈는지 점검받기 위해 벨트와 배지를 풀어서 보여주기도 했다. 내 경우는 양말에 구멍이 나지는 않았는지 확인받기 위해 군화를 벗어 보여주어야 했다. 한두 명이 복장 불량에 걸려 독방에서 징계를 기다리기도 했다.

무사히 연대 원사의 복장검사를 통과한 나는 10시에 울리는 두 번째 진료신호 나팔 소리를 기다리라는 지시를 받았다. 10시가 되었다. 진료실로 들어가 군의관 앞으로 갔다. 만일 군의관이 아무런 문제가 없다고 진단하면 꾀병으로 간주되어 징계를 받는다. 군의관이 내 발을 살펴보더니 한쪽 발 발톱이 반쪽만 남아있는 것을 보고는 군화 교체 확인서를 발급해 주었다.

이 확인서를 병참 장교에게 보여주면 일과에서 빠진 이유가 소명될 것이다.

* * *

병참 창고에서 모든 장비를 다시 가져와 펼쳐놓고 검사를 받았다. 어떤 때는 하루 세 차례나 장비검사를 받는 일도 있었다. 검사를 받을 때 병사들은 자신의 침대 옆에 서 있어야 하고, 병사들의 모든 장비는 똑같은 방식으로 배열돼 있어야 한다. 18시 이전에 침대에 걸터앉는 것은 금지였다. 저녁 식사 후면 내무반 청소 고문이 다시 시작된다. 난로는 물론이고, 연통도 천정에 닿은 부분까지 검게 윤을 내고, 아연 석탄통은 크롬도금처럼 윤나게 닦는다. 빗자루 손잡이는 깨끗이 문질러서 하얗게 만들고, 침대는 실을 줄자 삼아 정확하게 일렬로 맞춰 놓는다. 모든 벨트와 끈에는 블랑코 도료를 칠하고, 모든 금속에는 광을 입히고, 창문도 금속 광택제를 사용해 닦아놓는다. 막사 바깥 역시 성냥개비 한 알 남겨두지 않고 깨끗이 청소한다. 40명이나 되는 병사들의 군복은 전기다리미 한 개로 각이 딱딱 잡히게 다렸다.

나는 군화를 손상했다는 혐의에서 간신히 벗어날 수 있었다(하지만 경위는 설명해야 했다). 만일 혐의가 인정되면, 부사관이 와서 이름, 계급, 군번을 조사한 후 바로 체포되어 독방으로 끌려갈 수도 있다. 두 명의 병사가 양옆에서 혐의자를 연행해, 연병장을 돌아 독방으로 끌고 간다. 연병장은 연대 주임원사의 성역이기 때문에 아무도 가로질러 갈 수 없다. 아니면, 다음 날 09시까지 기다렸다가 혐의의 경중에 따라 부대장에 의해 조치될 수도 있다. 09시, 혐의가 있는 모든 병사는 위병소 바깥에서 다음과 같은 징벌나팔 신호를 기다려야 한다.

"더럼 경보병대 — 너희들은 징벌을 받을 수도 있다."

그리고는 다시, 무서운 연대 주임원사의 검열을 받고 대대장 사무실로 향한다. 대대장 사무실 밖에서 기다리다가 모자와 벨트를 벗으라는 명령이 떨어지면 재빨리 벗어서 헌병 하사관에게 건넨다. 이것이 모자와 벨트를 벗는 적절한 방식이다. 자기 차례가 되어 사무실 문까지 걸어가면 두 명의 헌병들이 연행하여 대대장 앞으로 데리고 간다.

대대장 책상 앞에 서면 혐의가 낭독된다. "1951년 11월 1일, 스미스 이병(개인 보호를 위해 이름은 가명으로 했다)이 전투복의 단추 하나를 잠그지 않은 것이 발견되었다. 그는 즉시 복장 불량으로 기소되었다." 혐의를 받은 자에게는 말하는 게 허락되지 않는다!

    대대장: "징계를 받아들이는가?"

    혐의자는 대대장에게 "예! 대대장님"이라고 외치면서 답해야 한다.

    대대장: "7일간 막사 내 감금을 선고한다."

    이것은 영창에 간다는 뜻이 아니라 정규 일과가 끝나고 나서 울리는 모든 징벌나팔 신호에 반응해야 한다는 것을 의미한다.

    선고가 끝나면 대대장 사무실에서 신속하게 나와서, 18시까지 수행하는 정규 임무로 복귀한다. 정규 임무 이후에는 지긋지긋한 징벌나팔 신호가 거의 30분마다 울린다. 그때마다 검열을 받으러 위병소로 달려가야 한다. 다음 신호는 야전군장검사, 다음은 신체훈련 장비검사, 이런 식으로 23시 소등나팔이 울릴 때까지 징벌 조치가 계속된다.

    이밖에도 주방 일, 체육관 바닥 청소, 페인트칠 등의 사역이 주어질 수도 있다. 이런 일들이 7일간의 징계 기간 내내 끝날 때까지 반복된다.

   이 7일간의 징계기간 동안 다른 위반 혐의를 받지 않는다면 매우 운이 좋은 편이다. 하지만 수감 선고를 받는다면 훨씬 심한 처벌을 받게 된다. 일단 모든 급여가 중지된다. 기혼인 경우는 아내와 가족들도 수당을 받을 수 없다. 부사관 폭행 같은 심각한 위반행위를 하게 되면 콜체스터(Colchester)의 영창에 1개월 이상 수감될 수도 있다. 수감 기간만큼 복무기간이 연장된다. 운이 나쁘면 2년간의 복무에 추가 2년이 더해지기도 한다. 우리는 군대의 소유물이므로 군대는 원하는 만큼 우리를 묶어둘 수 있다. 따라서 모든 건 우리의 행동에 달려있다고 볼 수 있는데, 다른 무엇보다도 운이 필요한 일이다.

2
베를린으로

　우리는 곧 베를린으로 수송될 예정이었다. 브란스페스 캠프에서 6주간의 훈련을 마친 후 며칠간의 휴가가 주어졌다. 민간인 시절에 입던 의복은 한참 전에 집으로 보냈으므로 나는 군복에 군화, 각반을 착용하고 집으로 갔다. 배급 쿠폰과 4실링의 월급을 챙겼다. 다시 한번 위병소에서 복장 점검을 받았다. 이번에 휴가받아 집으로 돌아가는 이들은 일군의 스마트한 청년들이었다.

　휴가가 끝나자 우리는 캠프로 복귀했고, 이튿날 틸베리(Tillbury)행 기차에 탑승했다. 기차에는 탈영하려다 잡혀 온 젊은이가 두어 명 있었다. 이들은 팔에 수갑이 채워진 상태로 한데 모여 있었다. 런던을 지나갈 때 그들은 소매로 수갑을 가리려고 했다.

틸베리에 도착해서는 네덜란드의 후크반홀란드(Hook van Holland)로 향하는 배에 올랐다. 다음 날 네덜란드에 내렸을 때 우리는 전기기관차를 보고 놀랐다. 그때까지만 해도 영국에는 증기기관차밖에 없었기 때문이다. 전기기관차는 빠른 속도로 우리를 싣고 네덜란드를 관통했으며, 식사에는 와인이 나왔다(식사에 와인이 나온다는 건 엄청난 사치였다). 웨이터가 오더니 와인 값으로 3페니를 요구했다. 내 주머니에는 1.5 페니밖에 없어서, 마찬가지로 돈이 얼마 없던 동료들에게 빌려서 간신히 지불했다.

마침내 함부르크에 도착, 바드 오웬 하우젠(Bad Oyen Hausen)에서 내렸다. 밤사이 기차를 타고 독일 동부를 지나 서베를린으로 갈 예정이었다. 보안을 위해 모든 창문에는 암막이 달려있었다. 베를린까지 가는 내내 차 한 잔도 마실 수 없었다. 베를린은, 아니 사실상 독일 전역이 2차대전의 폭격으로 참담한 상황이었다. 기차역에서 차창 밖으로 담배를 몇 개비 던지면 독일인들이 몰려와서 서로 가지려고 싸웠다. 우리는 이 모습을 흥미롭게 지켜보았다.

다음날 베를린에 도착했다. 거리는 폭격으로 황폐했고 맨발의 헐벗은 사람들이 지하실에서 나와 담배와 커피를 구걸했다. 우리는 마침내 웨이블(Wavell: 영국군 장군 이름) 막사에 도착했다. 영국에서도 군기를 심하게 잡았지만, 이곳은 영국보다 스무 배는 더 심했다.

베를린은 4개의 구역으로 나뉘어 있었다. 그곳을 영국인, 프랑스인, 미국인 그리고 러시아인들이 각각 한 구역씩을 차지했다. 인솔자의 안내를 받으며 도시를 둘러보기 전에는 베를린 시내로 들어가는 것이 허용되지 않았다. 만일 길을 잘못 들어 동독 헌병에 연행되면 몇 년간 못 돌아올 수도 있었다. 그렇게 되면 탈영 혐의를 면치 못할 것이다.

막사 도착 후 맞은 첫 토요일, 우리는 대대의 군기분열식을 보게 되었다. 이 의식은 매주 토요일 오전에 치러졌다. 대대원들은 약 120여 명의 군악대와 함께 연병장 행진을 했다.

NAAFI, 베를린 1952

군기분열식과 열병식 후, 연대와 군악대와 나팔수들이 대대장 앞을 지나가며 사열을 받았다. 놀라운 장면이었다. 내 옆에 있던 동료가 소리없이 웃었다.

연대 주임원사가 이 모습을 보더니 행진을 멈추게 하고는 페이싱 스틱(pacing stick: 오열의 간격을 가늠하거나, 장교의 권위를 나타내는 지팡이)을 들고 우리를 향해 다가왔다. 나는 그가 나 때문에 오는 줄 알고 가슴이 철렁했다. 하지만 그의 스틱이 향한 곳은 내 오른쪽에 있던 친구였다. 그는 한동안 호통을 치더니 나와 또 다른 한 명에게 그 친구를 징계 선고가 이루어지는 위병소로 데려가라고 명령했다. 그는 14일을 선고받았다. 이 일로 우리는 군기분열식이나 사열식에서는 항상 정중한 태도로 임해야 한다는 걸 배웠다.

우리는 곧 연병장에서 힘든 훈련을 받는 데 익숙해졌다. 훈련은 신병 훈련소에서 받던 것보다 훨씬 빠르게 이루어졌다. 더럼 경보병대의 행군 속도는 분당 160보였다. 몇 주간의 훈련이 끝나자 우리는 각각 다른 중대로 배속되었는데, 나는 S중대 전투공병 소대에 배속되었다.

공병대에 배속됨에 따라 올림픽 경기장으로 가서 영국군 공병대(the RE)와 함께 특별 훈련을 받았다. 그런 한편 매주 토요일에는 그 무시무시한 사열식에 참가하기 위해 막사로 돌아왔다. 우리는 다양한 훈련을 받았다. 지뢰매설지역 정찰 훈련을 비롯하여 온갖 종류의 지뢰매설 방법, 기폭장치 설치 방법, 지뢰 무력화 후 제거 방법 등을 배웠으며, 다른 사람들에게 관련 절차를 교육하는 방법도 배웠다. 부비트랩 설치 및 제거, 벙커 만들기, 터널 뚫기, 참호 쌓기, 바위 폭파 그리고 철조망 및 현장 방호 등의 훈련이 이루어졌다.

2. 베를린으로

이밖에도 매듭, 라인, 밧줄 사용법과 현장 방호 및 적 장비 파괴 시 폭발물 사용법 그리고 공격 폭파와 크레이터링을 준비하는 법도 익혔다. 장비는 타격소대여단 공병대 지원부대의 것을 사용했다. 소대의 군수창고에는 지뢰 탐색봉, 지뢰 탐색기, 폭파용 화약 등이 갖춰져 있었다. 몇 주가 지나자 우리는 철저한 훈련을 받은 특공대원으로 변신해 있었다.

베를린에서는 온갖 종류의 사건 사고가 발생했다. 예를 들면 할당된 구역을 조금이라도 더 늘리기 위해 러시아 군대가 거리의 철조망 바리케이드를 밀어낸다든지 하는 일들 말이다.

나는 종종 정복 차림으로 내부 경계를 섰다. 중대 경계선 밖에는 늘 소형 장갑차와 지프가 대기하고 있었다. 나팔 신호가 울리면 우리는 완전 무장을 하고 달려나가 차량에 탑승, 위병소까지 갔다. 그곳에서 탄약 상자를 차량에 싣고, 베를린 시내 한복판을 사이렌을 울리며 가로질러 위험 지구라고 보고된 장소로 이동했다. 선두 차량에서 지휘하던 주임 상사가 바리케이드 위치를 원상 복귀한 뒤 러시아 병사들을 혼쭐냈다. 경계를 보다 확실하게 해두기 위해, 도로 위에 하얀 페인트로 선을 긋기도 했다.

베를린 브란덴부르그 문 1952

  우리의 임무 중에는 슈판다우(Spandau) 감옥 경비도 있었다. 이 감옥은 30명가량의 전범을 수용한 곳으로 '벨센의 짐승'이라 불리는 요세프 크레이머, 히틀러의 부관이었던 루돌프 헤스가 이곳에 수감돼 있었다.

  베를린에서 4개월 정도 복무했을 무렵, 우리 대대에 한국 이동 명령이 떨어졌다. 베를린에서 겪었던 마지막 사건은 5월 1일에 발생한 사건이다. 모든 대대원들은 동/서 베를린 경계 지역인 브란덴부르크 문으로 집결하라는 명령을 받았다. 수천여 명의 동독인들이 '토미는 너희 나라로 돌아가라' '서부 사람들이여, 그대들의 해방의 시간이 다가온다' 등의 문구가 적힌 현수막을 들고 경계 지역으로 몰려들었다. 서독 경찰은 물대포를 쏘며 단호하게 대처했다.

물대포로도 시위대를 해산하지 못하자, 총검을 든 대대원들이 갓길에서 나와 도로를 봉쇄했다. 대대원들은 영어, 독일어, 러시아어로 "해산하지 않으면 발포"라고 쓴 현수막을 들어 올렸다. 이런 종류의 사건이 몇 차례 더 일어났으나, 대부분 동독의 성난 군중들은 몇 분 안에 사라졌다.

3
계속되는 훈련 그리고 귀향 휴가

베를린 복무 기간이 끝났다. 우리는 베를린 거리를 가로질러 기차역으로 행진하여 영국행 기차에 올랐다. 부두로 행진하는 동안 군악대가 군기를 휘날리며 앞서갔다. 후크반홀란드의 모든 시민이 거리로 나와 우리가 군기를 흔들며 행군하는 모습을 지켜보았다.

영국에 도착해서는 더럼의 브란스페스 캠프로 돌아갔다. 우리가 지나가는 동안 경비병이 나타났다. 우리에게는 일주일의 휴가와 배급 쿠폰이 주어졌고, 휴가 기간 동안 집에서 지내는 것이 허용되었다. 휴가 후에는 요크셔 무어의 벨러비 캠프(Bellerby Camp)에서 엄격한 훈련을 받아야 했는데, 그곳에서는 종형 텐트(bell tent)에서 취침해야 했다. 침구는 초가집에서 가져온 짚으로 채운 매트리스였다. 세면 및 세탁

시설은 야영지 한가운데 널빤지로 설치된 찬물 수도꼭지 하나가 전부였다. 이곳 요크서 무어에서 밤낮으로 뛰어다니며 4주를 보냈다.

그런 다음 다시 더럼에 있는 브란스페스 캠프로 돌아갔지만, 이번에는 수송수단이 제공되지 않았다. 우리 대대는 40마일이나 되는 거리를 전투 대형으로, 라이플에 수통까지 완전군장을 하고 행군했다. 수통의 물은 저녁 식사 몫으로 남겨두어야 했기에 행군 중에 마실 수는 없었다. 더럼에 도착했을 때 물이 얼마나 남아있는지도 점검 사항에 포함되었다.

06시 경, 우리는 행군을 시작했다. 군악대가 대대 앞에서 연주하며 우리의 행군을 주위에 알렸다. 많은 군중이 몰려나와 손을 흔들었다. 군악대는 트럭을 타고 가다가 마을에 들어서면 내려서 앞서 행군하며 연주했다. 이런 식으로 더럼에 도착할 때까지 행군을 이어갔다. 웨스트 오클랜드에서는 잠시 걸음을 멈춘 적도 있었다. 행군을 구경나온 영국 공군 한 명이 의장대 행진을 보고 웃는 걸 알아챈 연대 주임원사가 그를 부대로 돌려보냈을 때였다.

군악대와 우리 대대의 행진은 브란스페스 캠프 입구에서 멈췄다. 수통의 물이 남아 있는가의 여부를 점검받았다. 경비병이 나왔고, 우리는 빠르게 캠프 안으로 들어가 해산 명령을 받기 위해 연병장에 정렬했다. 그 전에 군장 점검을 받았다. 연대 주임원사가 스틱으로 나를 가리키며 연병장을 가로질러 다가왔다. 하지만 가까이 다가왔을 때 보니 그의 스틱은 내 옆의 병사를 가리키고 있었다. 그러더니 나와 또 다른 병사에게 그 병사를 위병소로 데려가라고 명령했다. 이유는 해산 시 행동과 태도에 군기가 빠져 있었다는 것이다. 그는 기소되었고 한국 파견 전 휴가도 취소되었다. 우리는 모두 발에 물집이 잡혀 한 발짝도 떼놓기 힘든 상태였지만, 동료 병사의 기소가 무척이나 안타까웠다. 그에게는 아내와 두 어린아이가 있다는 걸 알고 있었기에.

10일간의 휴가가 주어졌다. 집으로 돌아가기 전 선더랜드 사람들이 주최하는 댄스파티에 참석하라는 지시를 받았다. 하지만 나는 이 파티에 가고 싶지 않아 화장실에 숨어 있다가 체스터 거리에 있는 친구집으로 갔다. 물집이 심해서 뜨거운 소금물에 발을 담갔다. 그렇게 해야 물집이 터지면서 다시 걸을 수 있기 때문이다. 군대에서는 물집 잡힌 것쯤으로는 질병 신고를 할 수 없다.

물집은 '자초한 부상(self-inflicted wounds)'으로 분류되며, 매우 심각한 징계 사유였다. 걸리면 귀향 휴가를 받지 못한다. 이번 10일간의 휴가를 받아 집에 갈 때 나는 옥슨홈(Oxenholme) 역에서 윈드미어(Windermere)까지 약 12마일을 걸어가야 했다.

휴가 기간에 쓸 수 있는 돈이 별로 없었다. 곧 막사로 돌아갈 날이 다가왔다. 나는 09시경에 집을 나섰는데, 아버지는 전과 마찬가지로 아무 말씀도 없으셨고, 어머니는 내게 돈은 있느냐고 물으셨다. 물론 대답은 '아니요'였다. 어머니는 10실링(지금 돈으로 50펜스)을 손에 쥐어주셨다. 곧 기차역을 향해 떠났다. 가다가 돌아보니 멀리서 손을 흔들고 계신 부모님이 보였다.

막사로 돌아와 위장복을 비롯한 장비를 지급받았다. 우리 대대는 더럼 성당의 군기분열식을 위해 더럼 시내를 가로지르며 행진했다. 수백 명의 사람이 거리에 줄지어 서 있다가 우리 손에 반 크라운(12.5p)을 쥐어주었다. 대부분이 나이 드신 분들이었다. 이제 대대는 행군 대열로 편성되었다. 이때부터 캠프를 벗어나는 사람은 적을 앞에 두고 도주한 자로 간주된다. 이건 매우 심각한 징계 사유였다.

4
한국으로의 여정

군수송 열차가 더럼을 떠나 사우스햄튼(Southampton) 부두로 향했다. 부두에는 군수송선 '엠파이어 트루퍼 호'가 기다리고 있었다. 우리 중대인 S중대가 가장 먼저 승선하고 나머지 부대가 뒤따를 예정이었다. 내 차례가 되었다. 야전행군군장(Full Service Marching Order)을 갖추고 리엔필드 엠케이4 소총과 군용 배낭을 어깨에 메고 탑승 보드로 올라갔다. 탑승 보드를 거의 다 올라갔을 즈음 잠시 멈춰, 아래에서 소리치며 손을 흔드는 빼곡히 모여든 군중을 바라보았다. 우리는 막 배에 발을 디딜 참이었다.

S중대는 갑판 제일 아래로 내려가라는 명령을 받았다. 그곳은 작은 선창 하나 없이 침상만 줄줄이 놓여있었다. 군용 배낭을 관물함에, 소총을 무기고에 넣고 나면 갑판으로 올라가 배가 출항하는 걸 볼 수 있었다. 바로 그때 군악대가 우리

연대의 행진곡 '더 라이트 바크(The Light Bark)'를 연주했다. 이윽고 탑승 보드가 내려지고, 예인선의 경적이 울렸다. 갑판을 둘러보았다. 뛰어내리기에는 너무 높았다.

그렇게 6주간의 한국행 항해가 시작되었다. 그 때 내 머릿속은 과연 내가 다시 영국 땅을 밟을 수 있을까 하는 생각으로 가득 차 있었다. 우리는 곧 배정받은 갑판으로 돌아가 점호를 기다리라는 명령을 받았다.

수송선은 지브롤터, 몰타, 포트사이드, 아덴, 실론, 싱가포르, 홍콩을 경유하여 한국의 부산에 도착할 예정이었다. 우리 연대의 전력은 대략 800명가량이었다.

사우스햄튼을 떠나는 DLI, 엠파이어 트루퍼 호 위에서, 1952

수송선은 사우스햄튼을 출발, 니들스(Needles)와 아일 오브 와이트(Isle of Wight)를 지나갔다. 우리가 탑승한 배에는 선원이 별로 없어서 부대원 대부분에게 임무가 주어졌다. 향후 10일간 내가 맡은 일은 식판실(tin room)에서 양철 식판을 닦는 일이었다. 세제는 없었으며 모든 건 손으로 해야 했다. 약 열 명의 병사가 하루에 두 번, 아침저녁으로 물로 식판을 씻고 행주로 닦는 일을 했다. 양철 식판은 칸이 나뉘어 있어서, 식판을 들고 주방 앞을 통과해가면 각각의 칸에 음식이 담겼다. 우리는 수백 개의 양철 쟁반을 물로 씻고 행주로 닦았다. 식판실은 덥고 습해서 찜통이나 다름없었다.

매일 아침 선장(Master)의 선상 점검 후, 10시에 나팔신호가 울리면 양철 식판을 바닥에 늘어놓고, 각 칸 안이 제대로 닦였는지 일일이 확인받았다.

이 일을 10일간 하고 나자 우리는 거기서 벗어나 갑판 청소 일을 맡게 되었다. 모든 것이 반질반질 윤이 나거나 번쩍번쩍 광이 나야 했다. 자신의 장비 중 어느 하나라도 해양장비 가방에 정석대로 보관하지 않은 자는 바다로 던져질 참이었다.

침상은 3층짜리 금속 침대였다. 금속 기둥에 캔버스 밧줄을 묶어 사다리를 만들어 놓았다. 방에는 바람이 통하지 않아 후덥지근했다. 우편물 수신을 위해 지브롤터와 몰타에 잠깐 정박했다. 매일 아침 선장의 점검이 끝나면 신체 훈련과 총검 훈련, 그리고 각종 강의가 이어졌다. 우리가 이집트 포트사이드에 도착하자 수송선 주위로 작은 배들이 몰려들었다. 아랍인들이 카펫이나 과일, 장신구 같은 물건을 팔려는 것이었다.

잠시 후 우리는 수에즈 운하로 진입했다. 운하 지역에 들어서면서 고난이 시작되었다. 배의 브릿지에는 공격받으면 바로 응사할 수 있도록 기관총이 달려있었다. 수에즈 운하를 통과해 홍해 지역으로 들어갔다. 다음 항구는 아덴이라는 곳이었다. 모두 도보 행군을 준비하라는 지시가 떨어졌다. 대대원들은 소형 보트를 타고 해안으로 올라갔다. 도보 행군은 정오에 시작되었다. 전투복과 전투화 착용에, 소총까지 메고 산속을 세 시간 정도 행군해갔다. 아덴은 세계에서 가장 무더운 곳이다. 그날은 화씨 140도(섭씨로는 60도)까지 기온이 올라 모두가 땀으로 흠뻑 젖었다.

다시 배로 돌아오자마자 우리는 깨끗한 군복으로 갈아입고, 몇 시간 동안 해변 외출을 허가받았다. 외출하기 전에 연대 주임원사에게 복장검사를 받아야 했다.

아덴은 더럽고 냄새나는 도시였다. 사방이 낙타와 염소로 가득했으며 카페에는 파리가 득실거렸다. 현지의 아랍인들은 바닥에 음식 그릇을 놓고 같이 먹었는데, 여러 명이 한꺼번에 손으로 집어 먹었다. 배로 돌아올 수 있어서 기뻤다.

다시 출항. 그날 저녁 인도양으로 접어들어서 실론의 콜롬보를 향해 갔다. 콜롬보에서도 서너 시간의 행군이 있었고, 행군 후에는 해변 외출이 주어졌다. 콜롬보도 아덴보다 그다지 나을 것이 없었다.

다시 수송선에 올라 싱가포르로 향했다. 배에서의 일과는 동일했다. 신체 훈련, 소총 훈련, 무기 청소, 강의 등이었다. 싱가포르에서도 도보 행군과 해변 외출이 있었다. 이곳의 환경은 전에 들렀던 도시들보다 나아서 우리는 라플스 클럽(Raffles Club)과 너필드 클럽(Nuffield Club)에서 시간의 대부분을 보냈다.

싱가포르에서 다시 홍콩으로 향했다. 홍콩에서는 해양 터미널인 빅토리아 부두에 정박했다. 얼스터 소총부대(Ulster Rifles)의 군악대가 홍콩 시가행진을 준비하며 기다리고 있었다. 여기서 우리는 또 한 번의 도보 행군을 하고, 군복을 갈아입고, 원대 주임원사에게 검열을 받은 후 해변 외출에 나섰다. 모두에게 10실링(지금 돈으로 50p)의 봉급이 지급되었다. 그 돈으로는 영국군인회나 와이엠씨에이 식당에서 한 끼를 사먹을 수 있었다. 음식값이 가장 싼 곳은 미션 투 씨맨 클럽(Mission to Seamen Club)이었다. 인력거를 타고 홍콩을 둘러보기도 했다. 홍콩으로 가는 도중 벵골만에서 태풍을 만났다. 선상의 모든 해치는 단단히 잠겼고, 나는 뱃멀미 때문에 나흘 동안 선실 바닥에 누워있어야 했다. 부대장의 지침에 따르면 아무도 뱃멀미로는 질병 보고를 할 수 없었다. 뱃멀미도 '자초한 질병'으로 간주되어 심각한 징계를 받을 수 있기 때문이다.

병력수송선으로 돌아가는 길에

홍콩 1952

우리 항해의 다음 단계는 한국의 부산이었다. 부산에 도착했을 때는 습한 밤이었다. 우리는 다음 날 아침 하선했다. 흑인 병사들로 구성된 미군 군악대가 우리를 맞이하여 "당신이 오는 줄 알았더라면 케이크를 구워놓았을 텐데"라는 곡을 연주했다. 여성자원봉사단(WVS)에서 나온 부인 두 명이 기다리고 있다가 담배 파이프, 하모니카, 초컬릿 등 여러 가지 물건을 나눠주었다.

환영 행사가 끝나고, 우리는 북쪽 전선으로 가는 기차에 올라탔다. 기차는 매우 오래된 것으로 목탄 엔진을 사용했으며, 객실 칸에는 등받이 없는 나무 의자가 있었다. 화장실도 바닥에 구멍을 뚫어 놓은 것이었다. 전선으로 가는 여정은 이틀하고도 반나절이 걸렸다. 취침할 공간이 없어서 내내 똑바로 앉아서 갔다. 기차는 두 번 정차했다. 기관사와 그의 동료가 논바닥에서 잠을 청하겠다며 운행을 멈췄고, 또 땔감과 물을 구해야 했기 때문이다. 가는 동안 먹을 것이라곤 건빵 몇 개가 다였다.

둘째 날이 되자 기차가 멈추더니, 장교를 포함한 모든 장병은 내려서 구보로 가장 가까운 산으로 가라는 명령을 받았다. 다시 기차에 탑승해서 북으로 가는 여정을 계속했다. 마침내 여정의 끝인 덕촌(Tuck Chon)이라는 곳에 내렸다. 선로가 끝나는 곳이 우리 여정의 끝이었고, 기차역은 없었다. 그곳에서 우리는 천막형 임시 캠프인 브리타니아 캠프로 향했다. 캠프에 도착하자마자 우리는 모두 옷을 벗은 후, 캠프를 가로질러 흐르는 강물에 몸을 씻고 빨래를 했다. 그곳에는 옷을 돌로 문지르며 빨래를 하는 한국 여인들도 있었다.

5
바로 한국전쟁 전선으로

임시 캠프에 도착한 다음 날, 우리는 임진강 부근의 글로스터 계곡까지 행군했다. 근처에서 벌어지는 전투 소리를 들을 수 있는 곳이었다. 모든 장병에게 집으로 보낼 엽서가 지급되었다. 엽서에는 다음과 같은 문장이 쓰여 있었다.

"잘 지냅니다."
"잘 지내지 못합니다."
"부상을 당했습니다."
"부상은 없습니다."

위 문장에서 자신이 해당하는 사항에 체크한 후 부사관에게 전달하면 엽서를 집으로 보내주었다.

날이 매우 더워서 우리는 말라리아 약과 소금 정제를 복용하기 시작했다. 부사관은 우리가 약을 삼키는 걸 확인한 후,

투약 일지에 서명하게 했다. 우리는 한국에서 지내는 동안 매일같이 이 약(Palladrin Tablets)을 먹었다. 취침은 2인용 소형텐트에서 했으며, 식사로는 전투 식량이 지급되었다.

날마다 제공되는 전투 식량 한 봉에는 비스킷, 콩조림 두 통, 과일 통조림 작은 것 한 통, 담배 20개비, 성냥, 휴지가 들어있었다. 통조림통 밑에 하얀 정제를 한 알 놓고 성냥으로 불을 붙이면 음식물이 따뜻하게 데워졌다. 이 배급 팩으로 하루를 버텨야 했다.

우리 대대는 이곳에 며칠간 머무르며 훈련을 받았다. 하지만 내가 속한 반(section)은 아니었다. 다음 날 아침 우리 반은 제1 왕립호주연대(the 1st Royal Australian Regiment)로 차출되었다. 왕립호주연대의 소대 하나가 습격을 받은 상황이라 호주에서 지원군이 올 때까지 파견된 것이다. 우리로서는 한국에 도착하자마자 바로 최전방에 투입된 셈이다.

우리는 글로스터 계곡 주둔 대대를 떠나 소대의 브렌 장갑차를 타고 틸 브리지(Teal Bridge)를 건너 전선으로 향했다. 그곳은 내촌 진지(Nachon Position)에 주둔한 왕립호주연대 제1 대대가 있는 곳이었다.

내촌 진지, 한국 1952

우리가 도착하자 호주 장병들이

"이리 와서 이 영국놈들 창백해진 꼬라지 좀 보라지!"라거나, "이 영국놈들, 엄마 앞치마 끈이나 꼭 잡고 있을 것이지!"라고 낄낄대며 우리를 맞아주었다. 그러더니

"너네 영국인들, 여기서 대체 우리랑 뭘 하려는 건데?"라며 큰소리치는 호주 병사에게 우리도 지지 않고 응수했다.

"소총 사격이나 신나게 해보려고. 여기서 우리의 첫 번째 별을 딸 거야."

그 말을 호주 병사가 받았다. "그거라면 바로 언덕만 넘어가면 확실히 할 수 있지."

동료인 론 헤지스와 나는 '허치'라는 지하 참호로 이동하라는 지시를 받았다. 허치는 일본 말로 작은 집을 뜻한다. 참호로 들어가니 호주 병사 세 명이 있었다. 그중 한 병사에게 물었다.

"이봐, 자리가 많이 없나봐?"

"우리랑 함께 있다 보면 여기에 자리가 얼마나 많은지 알게 될 걸?"

알고 보니 참호 바닥은 모래주머니로 덮은 맥주 상자를 쌓

아 놓은 것이었다.

과연 며칠이 지나자 바닥이 점점 내려앉았다. 상자 안의 맥주를 꺼내 마셔버렸기 때문이다.

우리는 자주 호주 병사들과 정찰 임무를 나갔다. 재미있는 일들이 많이 있었다. 한번은 세 명의 호주 병사들과 무인지대인 계곡 아래로 정찰을 나갔다. 한 병사가 물었다. "이봐, 네 터커 백(작은 가방)에는 뭐가 들어있지?" 나는 군화 끈, 면도 도구, 속옷, 반짇고리, 양말 등이 들어있다고 말했다(이것은 대대 규범에 따른 것이다).

그러자 다른 병사에게, "블루이, 이 영국 광대 녀석이 여기 오면서 군화 끈을 갖고 왔다는데?"라며 놀렸다.

내가 말했다. "그러는 네 녀석 가방 속엔 뭐가 들어있는데?"

그가 대답했다. "맥주 한 병이지. 얼마 전 호주에서 보내온 거야. 깨지지 않게 빵 덩어리 사이에 싸서 보냈더라고."

나는 다른 호주 병사에게도 가방에 뭐가 들어있냐고 물었다. 그가 대답했다.

"소형 레코드 플레이어. 휴대용으로 일본에서 샀어. '올드 찰리들'(Old Charlies 서구에서 동아시아 군인들을 비하조로 일컫는 말)에게 음악 좀 들려줄까 해서 갖고 왔지."

그는 플레이어를 열더니 '중국의 밤'(China Night)을 틀었다. 이런 일은 영국 군대에선 절대로 일어날 수 없는 일이었다(이런 유사한 예는 얼마든지 있다).

몇 주 후, 우리 더럼 경보병연대는 제1 호주연대와 교대하게 되었다. 호주 보병들은 세계 최강의 보병에 속한다. 우리는 다시 더럼 경보병연대 소속으로 돌아갔다. 전선에서의 둘째 날 밤, 우리는 계곡 아래 지역의 지하 참호를 폭파하는 임무를 맡았다. 중공군들이 낮 동안 숨어서 관측 초소(observation post)로 사용하는 곳이기 때문이다. 우리는 면 화약(gun-cotton)과 다른 화약을 챙겨서 무인지대로 내려갔다.

그곳에서 세 개의 지하 참호를 폭파했는데, 참호 안에 적군은 없었다. 그날 밤은 달빛이 밝아 마치 한낮 같았다. 중공군 정찰병이 우리 쪽으로 살금살금 다가오는 기척 같은 걸 느꼈지만, 우리는 모두 무사히 참호로 돌아왔다.

이 전쟁은 1차대전과 비슷하게 참호 전쟁이었다. 병사들이 밤새 참호에 배치되었고, 중공군의 공격 가능성이 가장 높은 일출과 일몰 무렵에는 전투태세를 갖추고 대기했다. 잠은, 새벽에 무기 점검을 받고 난 후 불과 한두 시간 눈을 붙이는 정도였다. 우리는 완전군장을 한 채 잠을 잤다. 낮에는 참호를 더 깊게 파서 유리한 포지션을 만드는 데 시간의 대부분을 보냈다. 때로는 수류탄과 포탄의 불발탄을 폭파 처리하기도 했다.

우리는 '파지 않으면 죽는다'는 각오로 임했다. 한 시간에 약 2,000개의 포탄과 박격포가 불을 뿜었다. 아침에 안개가 끼면, 그 안개가 사라질 때까지 전투태세로 대기해야 했다. 안개가 자욱한 날은, 적의 눈에 띄지 않고 진지 앞에 철조망을 설치하기 좋은 날이었다. 철조망에 빈 캔을 매달아, 누군가 철조망 사이를 비집고 들어오면 소리가 나게 해놓았다. 이렇게 해두면 적군의 접근을 쉽게 알아챌 수 있어서 경계에 큰 도움이 된다. 우리 대대는 이 진지에 약 4주간 머물다 임무가 교대되었다.

그날은 달빛이 매우 밝아 달 표면의 분화구를 볼 수 있을 정도였다. 내 고향 영국에서 빛나고 있을 달과 같은 달이었다. 별똥별이 무수히 떨어져 내렸다. 논에서는 개구리가 울어댔다. 반딧불이가 사방에 가득했고, 풀벌레 소리는 크고 야단스러웠다.

영국으로부터 너무도 멀리 떠나온 느낌이었다. 나는 문득 '만약 여기서 죽는다 해도, 피 흘리다 죽거나 쓰러진 채 얼어 죽어 이곳에 남겨지고 싶지는 않다. 제대는 아직 멀었고, 여긴 악취가 가득한 지옥의 입구다'라는 생각이 들었다.

폭탄과 박격포탄이 다가오고 있었다. 포탄이 머리 위에서 터지면서 파편이 사방으로 튀었다. 그날 밤 나는, 이 포화를 멈춰주시면 앞으로 교회에 열심히 나가겠노라고 신에게 기도했다.

그 끔찍한 밤의 격렬한 포격으로 많은 참호가 무너져 내렸다. 포격은 아침까지 계속되었다. 이곳의 달은 영국의 달보다 두 배는 컸다. 밝은 달빛 아래 산등성이에 솟아있는 무덤들이 훤히 보였다. 한국에서는 '선산'이라 부르는데, 집안의 어르신이 죽으면 논과 밭이 내려다보이는 이 지역에 묻힌다. 그곳에서 아내와 가족들이 논밭 일을 하거나 살아가는 모습을 지켜보는 것이다. 집안에 경제적 여유가 있으면 불상을 하나 사서 무덤 옆에 놓는다. 이러한 관습은 수천 년 동안 이어져 왔다. 어떤 곳은 산등성이 하나가 이런 무덤으로 가득 차서, 달밤에는 매우 무서웠다. 어떤 무덤은 마치 작은 사원처럼 보이기도 했다.

우리 소대원들은 항상 농담을 주고받으며 이런 암울한 환경을 잘 이겨냈다. 유명한 제1 더럼 경보병대는 유능한 연대로, 나는 이곳에서 양질의 훈련을 받았다. 처음에는 베를린에서, 다음은 요크서 무어에서, 나는 제압 목적의 사격법을 비롯해 전쟁 수행과 관련된 다양한 훈련을 받았다. 하지만 지금은 실제 상황이고 현실이었다. 그 누구도 내게 조용한 아침의 나라, 은자의 나라라고 불리는 이 나라의 끔찍한 상황에 대해 제대로 가르쳐 주지 않았다. 이 나라가 얼마나 원시적이고, 이곳의 악취가 얼마나 견디기 힘든 것인지 아무도 말해주지 않았다.

누구도 이 나라 사람들의 굶주림과 어린이와 아기들의 배고픔에 대해 경고해 주지 않았다. 어린아이들이 등에 아기를 업고 있었고, 어떤 아이들은 얼어 죽은 채로 길 가에 버려져 있었다. 절박한 사람들은 빈손을 내밀며 외쳐댔다. "찹찹(먹을 것) 없어요?" 수백만 명의 난민들이 있었지만 우리는 줄 수 있는 게 아무것도 없었다.

우리 대대는 이제 전선에서 빠져나와 다른 곳으로 배치되었다. 하지만 여전히 들려오는 포화 소리에서 그리 멀지 않은 곳에 있었다. 어떤 여단의 진영이라도 필요하다면 바로 투입될 수 있도록 대기 중이었다. 한 나흘 정도 후방에서 대기하다 다시 원래의 전선으로 투입되었다. 소년은 하룻밤 사이에 어른이 되었다.

6
참호전장의 일 년

　이런 상태로 우리는 일 년간 한국의 참호 생활에 정착했다. 다음에 나오는 일들은 그 끔찍했던 시간의 가장 생생한 기억이다.

　전쟁은 이제 소강상태로 접어들었다. 이 전쟁은 1차 세계대전과 매우 흡사했다. 정찰 - 정찰대 기습 - 정찰대 기습 맞대응 - 무인지대 야간 청음정찰(listening patrols)로 이어지는 일과가 계속되었다. 이른 새벽 동이 터서 무인지대 너머까지 육안에 들어오고 나서야 전투태세 대기에서 해제될 수 있었다.

　해가 떨어지고 어두워지기 시작하면 매일 밤이 그 전날 밤과 똑같이 흘러갔다. 참호에는 병사들이 드문드문 남아있었다. 폭탄, 박격포탄에다 공중폭발 총알의 세례를 받는 것도 여전했다. 어떤 때는 우리가 있는 전선에서 불과 30미터 거리에 중공군 진지가 있었다. 매일 밤 스피커 너머로 중국 여인의 목소리가 들려왔다.

"더럼 경보병대를 환영합니다. 왜 양키 깡패 정치가들을 위해 싸우는 건가요? 여러분은 집에서 가족과 있어야 하지 않나요? 무기를 버리고 우리에게 오십시오. 우리는 여러분을 계곡 아래에서 기다리겠습니다. 안전 통행권을 가지고요. 우리는 여러분을 홍콩을 통해 영국으로 보내드릴 수 있습니다. 미국인들을 위해 죽지 마십시오."

그런가 하면, "우리는 존 스미스 더럼을 찾습니다. 당신의 아버지가 매우 아프다는군요. 왜 한국에 있는 건가요?"

그러다 나중에는, "안녕 DLI. 미스터 머니백(Mr. Money Bags)이 오늘밤 당신 아내랑 술 마시는 중이라는데? 집으로 가! 왜 여기 있는 거야?"

그러면 우리는 때때로 대포와 박격포를 '3'에 맞추고 발사해 댔다. 포화가 잠잠해지면 다시 중공군의 선전방송이 시작되었다. 이번에는 음악을 틀어주었다. '지금 빅벤 종소리를 듣는다면 고향에 돌아온 거야' '세상에, 이게 친구를 대접하는 방법이니?' '나에게 꽃다발을 던지지 마세요. 사람들이 우리가 사랑에 빠졌다고 말할 거예요.' 이런 노래를 비롯해 아주 다양한 곡들을 틀어댔다. 이런 일이 밤마다 벌어졌다.

한국군은 카트콤(Katcoms 영연방군에서 통역과 연락 업무 등을 담당한 한국군)이라고 불렸다. 그들은 "모든 병사여, 중국인에게로 오라"고 말하는 중공군 선전방송을 듣고는 내게 묻곤 했다.

"저 여자가 나의 헤이토(Hayto: 이 글의 저자인 Hayton의 잘못된 발음인 듯)에게 뭐라는 거지?"

내가 설명했다. "지금 저 여자는 우리 모두를 중국인에게 오라고 하네."

그러면 그들은 고개를 절레절레 흔들었다. "안 가. 노우! 절대 안가. 가면 모두 끝장이야."

그들은 한밤중에 들리는 중공군의 목소리를 매우 두려워했다.

Bob Hayton 과 Bob Younger, 한국

* * *

한국의 언덕은
그곳에서 죽은 사람들의 피로
붉게 물들었다.

탄약은 떨어졌고
브렌 기관단총은 먹통이 되었다.
하지만 그 때 한 남학생의 목소리가 울려 퍼지며
병사들의 대오를 결집시킨다.
"자, 동료들이여! 모두 전투태세를 하고
적의 진군을 막아라!"
포격은 격렬했고
공포에 질린 어린 징집병들은 참호를 지키며
빨갱이들이 근처에 다가오지 못하게 했다.
그들은 훌륭하게 임무를 완수했고
이제 제대까지 일 년 남았다.
그들은 유명한 더럼 경보병대 전방부대 소속으로
아무도 불평하거나 울지 않았다.

* * *

날씨가 매우 추워지면서 동계 방한복이 지급되었다. 한때 빠르게 흐르던 강물은 이제는 꽁꽁 얼어붙었고, 바닷물도 25마일 반경까지 얼어버렸다. 허치나 참호에서 지내야 하는 우리는 이 혹독한 겨울을 어떻게 견뎌내야 할지 끔찍했다. 누군가 철조망을 끊고 접근하면 소리가 울리도록 빈 깡통을 진지 앞 철조망에 연결해 놓았다. 때로 이 철조망에 짐승들이 걸려들면서 큰 소동이 벌어지기도 했다. 차라리 장마철이 빨리 오기를!

몸에 생기는 이를 없애기 위해 날마다 DDT와 그밖의 소독약을 살포했다. 우리는 물을 얻을 기회만 있으면 철모에 물을 받아 씻었다. 겨울철에는 탈의가 금지되었다. 군율은 매우 엄격했다.

소식이 없어 걱정이라는 편지가 고향으로부터 날아들었다. 하지만 답장을 쓰는 데도 어려움이 많았다. 펜이 꽁꽁 얼어붙었기 때문이다. 주머니에 넣고있어도 펜은 얼어버렸다. 그래서 편지는 연필로만 쓸 수 있었다.

본격적인 겨울이 시작되면서 눈이 두텁게 쌓였다. 모든 게 꽝꽝 얼어붙었다. 부동액이 들어있는 비커스 기관총(vickers machine guns)조차 얼어버렸다. 숯탄을 피워 브렌 기관단총과 비커스 기관총을 녹여놓지 않으면 탄환이 발사되지 않았다. 라이플은 몸에 붙이고 다니거나 아니면 바짓가랑이에 넣고 체온으로 녹였다. 안 그랬다가는 사격 시 총렬이 얼어 버린다.

방한복 차림의 밥 헤이튼, 1952

밥 헤이튼 (오른쪽), 로덜드 이콧
(왼쪽, 1953년 정찰 임무 시 전사)

우리는 방한을 위해 보온 깔창이 달린 특수 전투화를 신었다. 그 외 방한용품으로 내복, 두꺼운 양모 바지, 망사 조끼, 조끼, 셔츠, 양모 스웨터, 다섯 겹의 방풍 소재로 재단한 전투복, 양모 방한모, 털모자 달린 파카, 양모 장갑, 방아쇠 손가락이 따로 달린 벙어리 장갑 등을 지급받았다.

만주 벌판에서 눈 섞인 바람이 불어오기 시작하면서 서리가 심하게 내렸다. 동상 경고가 발령되었다. 기온이 영하 40도까지 내려갔다. 맨손으로 금속을 만지면 저온 화상을 입을 수도 있었다. 저온 화상으로 인한 상처는 '자초한 부상'으로 분류, 6개월 구류라는 야전 처벌을 받는다. 군 교도소는 캐나다 헌병대에 의해 운영되었다.

겨울에는 추운 밤에 먹을 수 있도록 발열(self-heating)캔 수프가 지급되었다. 또 우리는 여분의 양말을 마련해서 항상 바지 윗부분에 넣어두었다. 양말은 습하지 않은 상태에서 따뜻하게 보관하는 것이 중요한데, 발이 썩어들어가는 '참호족염'을 예방하기 위해서는 양말을 자주 갈아 신어야 하기 때문이다. 휘발유를 이용해 눈을 녹이는 방법도 있었지만, 그런 건 후방(out-of-line) 진지에서나 가능했다. 의복을 말릴 만한 온기가 어디에도 없었으므로 군복은 항상 젖어있었다.

355 고지에서 복무하던 1952년 겨울, 폐병과 기침이 심해지자 질병 보고를 하라는 지시를 받았다. 군의관에게 보고했더니, 나를 즉시 인도 야전외과병원(Indian Medical and Sur-

gical Hospital)으로 이송시켰다. 이곳은 야전 막사 병동으로 흙바닥에 간이침대를 놓아 병상으로 만든 텐트들이 줄지어 있었다. 병사에 도착하니, 인도 의사가 나를 노르웨이 야전 외과병원으로 보냈다. 그곳에서는 내 상태가 결핵으로 진전되기 직전이라는 진단을 내렸다. 기적의 신약이라고 불리는 알약 세 알을 처방받았다. 정말 효과가 있어서 사흘 정도 지나자 폐가 깨끗해졌다.

다시 전투적합 판정을 받고 전선으로 돌아왔다.

북한에 배치된 1년 동안, 나는 미군 기동전투샤워부대(American Mobile Combat Shower Unit)에 차출된 적이 있다. 이곳의 임무는 강에 펌프를 연결한 뒤, 휘발유 히터를 사용해 물을 끌어와 노즐을 통해 텐트로 보낸 다음, 사용한 물을 다시 강으로 흘려보내는 것이었다. 때로는 방수포를 이용해, 작은 갯물을 막고 댐을 만든 후 목욕과 빨래를 했다. 안창을 빼낸 철모를 접시로 사용하기도 했다.

한국에서 복무하는 동안 한 번은 5일간의 휴가를 받아 일본 도쿄에서 지낸 적이 있다. 그것은 '휴식과 회복(R&R: Rest and Recovery)' 프로그램의 일환이었지만, 실은 많은 사람에게 '파괴와 파멸(Wreck and Ruin)'의 프로그램으로 알려졌다.

우리는 이 휴가에 10파운드를 선불로 지급받았다. 하지만 이 선불은 우리의 주급에서 공제되는 것일 뿐만 아니라 바프라는 영국군인회의 바우처였다. 따라서 이 돈은 영국군인회가 운영하는 시설에서만 사용할 수 있었다.

후방에서는 누더기 상태의 2인용 간이 천막에서 숙영했다. 땅을 파는 것이 가능할 때는, 만주에서 불어오는 차가운 바람을 피하려고 텐트 아래의 땅을 파서 구덩이를 만들기도 했다. 지붕에는 커다란 고드름이 매달렸고, 우리의 입김은 내뱉는 즉시 얼음덩이가 되었다. 원래는 바닥에 까는 용도인 방수포를 텐트 위 덮개로 만들어 바람과 눈을 막고 열이 새 나가지 않도록 했다. 경계를 서지 않을 때는, 전투복에 전투화를 착용한 채 텐트 속 침낭 안으로 들어갔다.

나는 두 명의 친구를 잃었다. 한 명은 중공군 터널 습격 임무에서, 다른 한 명은 지뢰밭에서 사망했다. 한 친구의 장례식에 참석했다가 그의 시신이 담요 속에 기워져 있는 걸 보았다. 신부님이 몇 마디 말하고, 나팔이 울리고, 그런 다음 시신은 부산의 묘지로 운구되었다. 나는 그가 무공 훈장을 받아 마땅하다고 생각했다. 하지만 아무것도 없었다. 중공군은 시도때도 없이 나팔과 꽹과리 소리를 앞세워 공격해왔다. 때때로 일당 12펜스는 너무 하다는 생각이 들곤 했다.

우리는 매일 밤 두 시간씩 전투태세를 갖추고 대기했는데, 병력의 절반 정도는 참호와 발사대에 밤새 배치되었다. 물론 나머지 절반도 반군장 또는 완전군장을 하고 공격에 즉시 반응할 수 있도록 준비하고 있어야 했다. 우리가 지키고 있는 진지는 적들의 맹렬한 포격 대상이었다. 매일 밤 박격포 공격이 이어졌고, 포탄은 우리 머리 바로 위에서 터졌다. 파편이 사방으로 튀었다. 한번은 나무뿌리를 엄폐물로 삼고 있는데, 파편이 내 바로 내 앞에 떨어진 적도 있었다. 그때 또 다른 파편이 브렌 기관단총 틈새로 빠져나가 탄창 상자를 뚫고 지나갔다. 한국 카트콤 병사 한 명이 심각한 부상을 당했다.

동료 병사 두 명의 도움으로 그는 연대구호지점(RAP)으로 실려 갔다. 하지만 결국 사망하고 말았다.

　전투태세 대기 상태는 보통 09시까지 지속되었다. 대기 임무가 끝나면 무기 청소와 점검 후, 전투 식량으로 아침 식사를 했다. 24시간용 전투 식량 팩에는 콩 한 캔, 콘비프 해시 한 캔, 스파게티 한 캔, 과일 통조림 작은 통, 휴지, 캔을 데울 수 있는 좀약처럼 생긴 하얀 알약, 정수용 정제, 그리고 뚜껑을 당겨서 열면 자동으로 데워지는 수프 한 캔이 들어 있었다.
　물은 한국군 지원부대의 노무자들이 한밤을 틈타 전선으로 운반했다. 불을 피우는 것도 불빛이 새나가는 것도 허용되지 않아서 요리에 어려움이 많았다.

　중공군 진지는 때로는 1000야드 앞으로, 때로는 500야드 앞으로, 때로는 겨우 30야드 앞에까지 다가와 있었다. 이런 상황은 언덕의 지형에 따라 달라졌다. 야간이면 중공군이 웃고 떠드는 소리를 들을 수 있었다. 그러다 그들은 갑자기 소란스러운 나팔, 꽹과리, 하모니카 소리로 철조망 바로 건너에서 우리를 괴롭혔다. 어둠을 향해 포격을 가하면 이런 소란이 잠시 중단되기도 했다.

매일 밤 중공군과 교전이 벌어졌다. 중공군이 전사자의 시신에 부비트랩을 연결해 놓는 바람에, 시신을 확인하려 옮기는 도중 폭발하면서 부상자와 사망자가 발생했다. 어떤 밤은, 우리 습격대가 중공군 참호를 공격해서 병력과 장비에 막대한 손실을 입히기도 했다. 중공군 진지가 가까워지면 바로 알 수 있다. 그들의 의복에서는 생선이나 고기가 찌든 것 같은 특유의 지독한 악취가 났기 때문이다.

중공군의 기관단총은 분당 1000발 이상 발사가 가능했다. 우리 군의 스텐 기관단총은 자주 걸림이 발생했으나, 이후 스털링(Stirling)으로 알려진 패칫(Patchetts)으로 대체하면서 문제점은 개선되었다. 리엔필드 볼트액션 라이플은 매우 믿을 만한 개인 화기였다. 탄창에는 10발이 가능한 탄약이 들어있는데, 탄창의 9발은 총기의 홈통(spout) 상단에 장착돼 있다. 브렌 기관단총의 성능은 훌륭했다. 1953년 초에는 방탄조끼가 지급되었다.

* * *

마침내 혹독한 겨울이 지나가고, 얼마 안 있어 폭우를 동반한 장마철이 다가왔다. 군복이 항상 축축하게 젖은 상태였지만 말릴 곳이 없었다. 강물의 수위는 매우 높아졌고, 도로와 오솔길도 물길에 휩쓸려 사라졌다. 우리는 전선에서 벗어나 후방으로 가서 동복을 반납하고 하복을 지급받았다. 동계용 전투화는 검사 후 손상이 발견되면 불에 태우고, 1157번 서식을 작성하고 하계용 전투화를 지급받았다. 새 전투화 비용은 우리가 받는 주급에서 차감되었다. 한국에서 받는 봉급을 다 사용하지 못하면 남은 금액은 제대할 때 잔고(credit)로 돌려받을 수 있었다.

장마철에는 강물이 매우 빠르게 불어나기 때문에 임진강을 비롯한 많은 강을 가로지르는 임시 부교들이 휩쓸려갔다. 축축한 전투화로 인해 참호족염에 걸릴 위험성이 높았다. 그래서 항상 발에 증상이 생기지 않았는지 잘 살펴보아야 했다. 참호족염 예방을 위해서는 자주 양말을 갈아 신는 수밖에 없었다. 우리는 체온으로 양말을 말리려고 주로 바지 윗부분에 넣어두었다. 질퍽한 진흙으로 변한 땅을 밟으면 6인치까지 푹푹 빠졌다. 전투화에 탤컴파우더(땀띠분)를 뿌리면 습기 제거에 도움이 되었다. 양말과 전투화의 습기 제거는 발 질병 예방에 매우 중요한 문제이므로 이에 관한 검사가 정기적으로 실시되었다.

장마가 물러나고 무척이나 덥고 습한 여름이 시작되었다. 낮에는 땅에서 김이 올라올 정도로 더웠다. 온종일 땀이 쏟아져 매우 불쾌했다. 전반적으로 모든 환경이 더럽고 불결했다.

한국의 계곡 아래쪽 - 논

말라리아 치료제로 팔루드딘 알약과 소금 정제가 지급되었다. 하지만 팔루드린은 이 지역 말라리아에는 적합하지 않은지 잠시 증상을 억제할 뿐이었다.

우리가 주둔한 곳은 높은 산과 논에 둘러싸여 있었다. 봄여름의 산과 논은 밤이면 개구리가 시끄럽게 꺽꺽 울어대고, 수많은 반딧불이가 캄캄한 밤하늘을 날았다. 산비탈은 계단식 논으로 이어져 있었는데, 질병으로 가득한 수백 년간의 분뇨로 악취가 지독했다. 은자의 나라, 고요한 아침의 나라로 알려진 한국은 매우 원시적인 나라여서 마을을 연결하는 도로 따위는 찾아볼 수가 없고, 진흙투성이 오솔길만 있을 뿐이었다.

355 고지, 한국

* * *

1953년 7월, 전쟁을 종식하기 위한 휴전 협정이 체결되었다. 이 협정이 체결되기 전 몇 달 동안, 우리는 '355고지'를 사수하라는 임무를 맡았다. 전선에서 가장 높은 지대였던 355고지는 우리에게는 '작은 지브롤터'로, 한국인들에게는 고왕산 고지로 알려진 곳이다. 만약 이 고지가 적에게 넘어가면 모든 전선이 퇴각해야 한다는 걸 의미했다. 우리는 또, 적들이 서울 공략을 시도하지 못하도록 주요 침입로를 차단해야 했다. 따라서 355고지는 절대로 적에게 넘어가선 안 되는 곳이었다. 우리가 받은 명령은 다음과 같았다. "누구도 진지를 벗어나서는 안 된다."

우리는 또한 355고지와 후크 고지(the Hook) 사이에 있는 많은 진지를 사수하고 있었다. 휴전이 이루어지던 밤에 우리가 사수하고 있던 곳은 영동포였다. 그날 저녁 6시, 미 해병대 예하의 전방 중대가 공격을 받아 고지를 빼앗겼다. 제2 호주 연대가 맹렬하게 공격을 감행했고, DLI도 미 해병대를 지원하기 위해 전방으로 투입되었다.

왕립 소총부대(The Royal Fusilier)가 호주 연대 지원을 위해 투입되었다. 온 하늘이 맹렬한 포격으로 번쩍거렸다. 호주 연대 앞에 쓰러져 있는 중공군 병사의 시체가 약 이천여 구였다. 그때 전선에서 왁자하게 야단스러운 소리가 들려왔다. 소리는 점점 가까이 다가왔다. 중공군 정찰대였다. 참호의 야전 통신기로 지휘 본부에 연락을 취했다. 본부로부터 브렌 기관단총 사격을 개시하고 교전하라는 명령을 받았다.

그리고 날이 밝았다. 중공군 정찰대는 물러갔다. 철조망 앞에 쓰러진 시체들이 새벽 여명에 드러났다. 이게 나와 내 동료가 한 일이란 말인가? 한동안 전투태세로 대기하고 있으라는 지시가 있었다. 대기에서 벗어난 후에도 여전히 시체는 우리 진지 앞에 버려진 채였다. 우리는 이 시신들을 바라봐야 했다.

이 시체들은 우리가 오기 전부터 여기 놓여있었다고, 나는 아무도 죽이지 않았다고 자신을 타이르려고 애썼다. 이런 일들은 우리가 경험한 것의 일부일 뿐이다.

* * *

하루는 무인지대 야간 정찰 임무를 수행하다 중공군에 근접한 적이 있었다. 그들의 목소리와 하모니카 소리가 들릴 정도였다.
론 헤지스와 나는 정찰대 맨 뒤에서 따라가고 있었다. 갑자기 땅이 푹 꺼졌다. 정신을 차려 보니, 중공군들이 버려둔 벙커에 빠진 것이었다. 정찰대는 짙은 어둠 속에서 이동하고 있었는데 다행히도 론 헤지스가 일행 중에 내가 없다는 사실을 알아차렸다. 얼마 후 나를 발견하고 "거기서 뭐 하는 거야, 애송이"라며 라이플을 이용해 나를 끌어 올려주었다. 하지만 이미 정찰대는 이동해버렸고 우리는 낙오되었다.

  날이 밝으면서 우리는 진지로 복귀하는 길을 간신히 찾아냈다. 논을 가로질러 가고 있을 때 아군 탱크 한 대가 우리를 발견한 모양이다. 센튜리온 탱크의 기관총이 우리를 향해 발포하기 시작했다. 우리는 계속 논을 가로질러 달렸다. 가끔 논둑 아래로 몸을 낮추기도 하면서. 탱크에 탑재된 기관총은 50연발짜리였다. 달아나는 중에 간신히 위장용 그물을 걷고 우리 기관총을 찾아낼 수 있었다.

  그때 우리는 운 좋게 위기에서 벗어날 수 있었지만, 왜 그 영국 병사가 검문도 없이 발포했는지는 지금도 알 수가 없다. 내 기억에 그 탱크는 듀크 오브 웰링턴 연대의 소속인 것 같다. 그렇다면 이 일은 1952년 말이나 1953년 말에 일어난 것이 틀림없다.

  1952년에서 1953년 사이, 제28 여단은 제1 영연방부대, 제

1 왕립 소총부대, 제1 호주 연대, 제3 호주 연대, 탱크 연대 그리고 병참 부대로 구성돼 있었다.

최전방 참호를 사수하는 동안 우리의 임무는 다음과 같았다. 소대 단위 기습, 중대 단위 기습, 중공군 인질 나포, 중공군 참호 및 터널 기습 폭파, 전투 매복정찰, 매복정찰, 수색, 지뢰밭 및 인근 철조망 확인 순찰.

매일 일몰과 일출 시에는 전투태세 대기 상태로 임했다. 안개가 짙게 끼면 전선에서 계곡 아래 지역이 선명하게 보일 때까지 전투 대기 상태가 유지되었다. 야간 참호에는 부분적으로만 병력을 배치했다.

야간에는 모든 병사가 두 시간씩 두 차례 참호경계 임무를 섰다. 아침에는 항상 무기 및 군장 점검을 하고, 운이 좋으면 아침을 먹을 수 있었다. 우리 소대원 중 몇몇은 다른 중대에 합류, 전날 밤 떨어진 불발탄들을 폭파시키는 일을 하기도 했다. 약 3주간 전선 임무를 마친 후에는 연대의 다른 대대, 주로 호주 연대 예하 대대가 우리의 전선 임무를 인계받았다.

부상병을 수송하는 벨 헬기, 한국 1952

우리는 예비대로 빠져서 취약한 전방 진지를 방어했다. 예비대에 있다 해도 여전히 중공군 화포 사정거리 내였다. 잠깐의 휴식을 가진 후 다시 전선에 투입되었다.

부상병들도 어두워지기 전에는 전선에서 벗어날 수 없었다. 우리의 모든 진지가 중공군에게 관측되고 있었기 때문이다. 하지만 머리나 눈 부상 같은 위중한 부상의 경우에는 벨 헬리콥터로 부상병을 후송했고, 덜 위중한 경우는 지프로 군외과병원으로 후송되었다.

참호에 있는 봅 헤이튼(1951, 한국)

전투매복정찰대는 대체로 20명으로 구성되었다. 그들은 적과 마주치면 바로 발포할 수 있도록 슬링에 브렌 기관단총을 걸고 다녔다. 매복은 중공군들이 자주 다니는 길목에 배치되었다. 그런 다음 한 병사가 나서서 소란을 피우며 적들을 매복지점으로 유인하는 것이다. 이러한 계획은 이따금 성공했다.

야간 지뢰밭 순찰 임무 수행 시에는, 순찰대 리더가 작은 막대기를 들고 철조망을 두드리면서 다닌다. 두드려보면 철조망의 일부가 끊겼는지 어떤지 알아볼 수 있다. 끊긴 철조망이 발견되면 즉시 복구해야 한다. 그렇지 않으면 우리 순찰대가 지뢰밭 쪽으로 나가게 될 수 있다. 불행히도, 그런 일은 실제로 여러 번 발생했다.

인질 나포팀에게는 허리띠 파우치에 납 구슬을 넣은 곤봉이 지급된다. 가죽끈을 단 파우치 곤봉을 나포팀 병사의 손목에 달아 바로 사용할 수 있게 했다. 가끔 너무 세게 내려치는 바람에 얻어맞은 중공군이 끝내 사망하는 일도 있었다.

우리 진지의 참호가 중공군 진지와 30야드 정도로 가깝게 있을 경우는 아무도 잠들 수 없었다. 그럴 때는 모두가 달려들어 참호를 더 깊게 파서 참호 상태를 개선해야 했다. 밤새 삽과 곡괭이 소리만 들렸다. 그야말로 '파지 않으면 죽는다'였다.

* * *

3일 밤 연속 계곡 아래쪽으로 정찰을 나갔을 때의 일이다. 책임 장교인 바우어 소위와 다른 두 병사와 함께 계곡 아래로 나갔다가, 중공군 진지에 너무 근접했다는 사실을 깨달았다. 그들의 목소리와 하모니카 소리, 그리고 '위안부'라 알려진 여인들의 목소리가 들릴 정도였다. 달빛이 매우 밝은 밤이었다. 갑자기 큰 새소리가 들리더니 '딸깍' 하는 소리가 났다. 책임 장교는 우리에게 물러나라 명령했고, 우리 쪽 진영에서 총기를 발포하는 소리가 들렸다. 몇백 야드 정도 물러났을 때 장교가 내게 말했다.

"헤이튼, 저 새소리 들었나? 매우 희귀한 새지. 작은 얼룩한국 피펫(한국밭종다리)이야."

"예, 그런데 저는 방아쇠 당기는 소리도 들었습니다."

우리는 B중대와 함께 진지로 돌아왔다. 오는 길에 중공군의 선전용 전단지도 몇 장 주어왔다. 바우어 소위는 이 전단지를 수거하려고 나무에 올라가기까지 했다.

다음날 아침, 내 바짓가랑이에 작은 구멍이 나 있는 걸 발견했다. 무릎 아래 작은 상처에서는 피가 흐르고 있었다. 하지만 나는 이를 보고할 수 없었다. 대대의 명령이 떨어지기 전에는 새 전투복을 입을 수 없었기 때문이다. 반짇고리를 찾아내 구멍을 간신히 꿰맸다. 이때 입은 상처로 몇 년간 고생했는데, 아직도 흉터가 선명하다. 안타까운 것은, 이 상처를 총상이라고 주장할 수 없다는 점이다!

어느 춥고 어두운 밤, 론 헤지스와 나는 무인지대 정찰에서 돌아오던 중 호주군 진지를 지나게 되었다. 그들은 우리를 알아보고는 자기들의 진지로 불러들였다. 그들은 소리쳤다.
"이 영국 광대 녀석들아, 그러다 얼어 죽겠다. 우리가 좀 따뜻하게 해주지. 닥터가 술을 좀 빚었거든." (닥터라는 건 그들 부대의 위생병을 말함.)

술을 반 컵 정도를 들이켰을 때, 맛이 어떠냐는 질문을 받았다. 우리는 뭔가 대꾸를 하려 했지만, 술이 너무 독해서 두 시간 동안 아무 말도 하지 못했다. 독한 술에 정신이 나갈 지경이었으나 우리는 어찌어찌 진지로 돌아올 수 있었다. 나중에 알게 된 사실인데, 닥터의 술은 감자 껍질과 외과용 알콜 그리고 다른 수많은 재료로 만든 것이라고 한다. 하지만 어떤 재료인지는 아직도 모른다. 아마도 소위 '재료'라는 것이 무엇이었는지 앞으로도 '모르는 게 약'일지도 모른다.

* * *

1952 대대 명령

우리는 이곳에 있고
우리는 이곳을 지킬 것이다
우리는 적들에게
우리가 여기에 온 이상
이곳의 전 지역을 장악할 것임을
알릴 것이다

아무도 자기 진영을 벗어나서는 안 된다.

제1 영연방 사단
영국 5개 대대
캐나다 3개 대대

호주 2개 대대

제1 탱크 연대 – 로드 슬랫코너 기병대(캐나다)

제16 뉴질랜드 야전포병대

왕립 해군 지원부대 (항공모함 포함)

병참부대 (여러 국가에서)

* * *

매서운 추위의 겨울이 지나가자 비가 쏟아지는 장마철, 그리고 이어서 무더운 여름이 찾아왔다. 많은 중공군 병사들이 얕은 무덤에 매장되었다. 여름 무더위 때문에 이 지역은 치솟는 증기로 뒤덮였다. 그러자 죽음의 냄새가 지속해서 우리를 괴롭혔다, 몇 주 동안이나. 정말 끔찍했다.

우리는 곧 동물처럼 반응하게 되었다. 중공군이 내려오는 걸 냄새만으로도 알 수 있을 정도였으니까. 그들이 겨우내 몸에 걸치고 있던 솜옷에서는 썩은 내가 났는데, 특히나 주머니에 말린 생선이나 고기 같은 걸 넣고 다녔기 때문에 악취는 더욱 심했다. 우리는 그들이 오는 중인지, 아니면 지금

막 지나간 것인지도 구분하게 되었다. 바람의 방향에 따라 우리는 옷 냄새와 마늘 냄새를 맡을 수 있었다.

비록 중공군이 우리를 항상 관측하고 있었지만, 한밤의 어둠을 틈타 우리는 부상병들을 고지에서 후송시킬 수 있었다. 부상병들은 대부분 지프에 실려 가장 가까운 군 외과병원으로 이송되었다. 나는 이때 어린 병사들이 죽는 걸 처음으로 목도했다. 어떤 이들은 매우 용감했고, 어떤 이들은 엄마를 그리워하며 죽어갔다.

무인지대에서 죽은 병사들의 시신은 새벽녘에 수습되었다. 중공군은 시체 아래에 핀을 제거한 수류탄을 설치해 시체를 일종의 부비트랩으로 이용하는 일이 많았다. 우리는 안전거리를 유지한 상태에서 시신의 다리와 몸에 밧줄을 연결해 끌어당겨야 했다. 시체가 땅에 얼어붙어 있는 경우는 이런 작업이 매우 어려웠다. 삽으로 시신 아래의 땅을 파낸 다음, 아주 조심스럽게 들어올려야 했다.

장례 때는 밧줄이나 철조망으로 묶은 시신을 철제 피켓 제단에 올려놓고 담요에 연결해 꿰매놓는 것이 전형적이었다. 신부님이 성경 몇 구절을 낭독하면, 나팔 소리가 울리고 시신은 부산의 유엔 묘지로 옮겨졌다. 우리 영국군의 시신은 고향으로 운구되지 않았다. 그런 호사스러운 절차는 미군에게만 허용되는 특권이었다.

* * *

1953년 6월, 본국에서는 여왕의 대관식이 거행되었다. 그날 우리 대대는 고지 좌측 전선 진지를 지키고 있었다. 이날 오후, 참호에서 나와 스카이라인에 서서 여왕을 위해 세 번 환호했다. 그리고는 중공군이 우리를 보고 총격을 가하기 전에 잽싸게 참호로 다시 들어갔다.

왕립 포병대는 중공군을 향해 빨간색, 흰색, 푸른색의 연막탄을 쏘았다. 서울 행군을 위해 대대에서 차출되었던 30명가량의 병사가 밤이 되기 전에 진지로 복귀했다. 대관식 전날 밤에는 바우어 소위가 인솔하는 정찰대가 엘리자베스 여왕 2세를 의미하는 로열 모노그램 'E11R'을 공중인식패널(air recognition panel: 전투기가 공중에서 식별할 수 있도록 아군/동맹군 차량이나 무기에 붙이는 패널)에 써서 중공군 진영 안에 부착해 놓았다. 온 전선에서 이 패널을 볼 수 있었다. 대관식 당일 우리는 전선에서 복무하며 대관식을 경축했지만, 우리에게 대관식 훈장(the Coronation Medal)이 수여되는 일은 없었다.

* * *

한국군과 중공군의 전형적인 교전은 보통 박격포를 포함한 매우 강력한 포격으로 시작된다. 이러한 포격전은 점점 더 맹렬해졌다. 모든 병사에게, 심지어 취사병들에게도 진지에서 나와 전원 전투태세로 대기하고 있으라는 명령이 떨어졌다. 대포와 박격포 포격은 보통 해질녘이나 동틀 무렵에 이루어졌다. 정규정찰대와 계곡 아래쪽에 나가 있는 청음정찰대로부터 포격 보고가 들어왔다. 계곡 아래쪽에서 중공군이 거대한 대형으로 집결하고 있는 움직임을 포착했다는 것이다. 그렇다면 적들이 사정거리 안에 들어오는 순간, 우리는 사정없이 대포와 박격포와 총을 발포하여 그들의 공격을 무산시킬 것이다.

하늘에 매달린 샹들리에처럼 빛나는 포화는 밤을 낮으로 바꾸며 우리 앞의 하늘을 밝게 빛냈다. 포탄 터지는 소리와 파편 떨어지는 소리가 뒤섞이면서 어마어마한 소음을 만들어냈다. 소음과 소동을 틈타 중공군들이 우리 측 가시철조망을 뚫고 침입하려 했다. 그들은 철조망에 돗자리와 병사들의 시체를 던지며 마구 돌진해왔다.

하지만 우리 군의 라이플과 기관총의 집중포격에 막혀 적군의 이러한 돌진 시도는 실패로 끝났다. 중공군 측 포격이 멈추면 밤은 마치 아무 일도 없었다는 듯 고요해졌다. 중공군 보병도 어둠 속으로 사라졌다. 정규정찰대와 청음정찰대의 포격 보고가 없는 상태로 한 시간이 지나면, 비로소 전투태세 대기에서 벗어나 다음 공격까지 숨을 돌릴 수가 있다.

부상병들은 위생병의 치료를 받지만, 죽은 병사들의 시신은 다음날이 되어야 수습 가능했다. 우리 부대의 움직임은 적에게 관측되고 있었기에 낮에는 움직일 수가 없었다. 이런 치열한 교전이 거의 매일 밤 벌어졌다.

1953년, 중공군은 박격포와 대포의 집중포격을 강화했고,

우리는 참호를 더 깊숙이 팠다. 깊게 판 참호를 흙과 바위 그리고 모래주머니로 잘 덮어서 직접적인 공격은 빗나가게 했다. 지도부는 세계 1차대전을 치르며 시험과 검증을 거친 참호 설계도를 본국에서 가져왔다. 중공군의 포격이 증가했을 뿐 아니라 정확도도 높아졌기 때문에 이 설계도는 인명을 구하는데 큰 도움이 되었다. 다른 참호의 폭발 충격으로부터 보호하기 위해 지그재그 패턴으로 참호를 만들었고, 측면을 더 깊게 판 후 그 위를 덮었다.

우리 군의 참호는 중공군에게 관측되고 있었기에 이쪽의 움직임이 그들에게 노출되지 않도록 참호 위에 위장막을 덮었다. 우리가 가슴에 새긴 모토는 '파지 않으면 죽는다'였다.

7
한국 철수

1953년 여름이 지날 무렵, 우리의 전선 임무를 미군 보병대가 인계할 거라는 소식을 들었다. 따라서 우리 소대가 철수한 후에도 몇몇 소대원은 남아 미군 보병대를 진지로 안내하는 가이드 역할을 했다. 병력이 꽤 많아서 인계는 한밤중에 시작해서 새벽녘에 끝났다.

한 미군이 내게 말했다. "망할 놈의 빨갱이들은 어딨지?"

나는 말했다. "고개를 숙이고 다녀. 이제 곧 날이 밝아질 테니." 그리고 덧붙였다. "전선을 살펴보면, 새로 판 참호를 볼 수 있을 거야. 더 깊숙이 파면서 참호 시스템을 개선하고 있지."

그는 대답했다. "빨리 기관총을 잡고 놈들에게 지옥을 보여주겠어!"

내가 말했다. "나라면 안 그럴 거야."

우리는 기관총을 발사할 때, 총구에서 역화(back flash)되는 걸 막기 위해 기관총을 젖은 담요로 감싸고 사격했다. 미군들은 이런 점을 무시했다. 한국인 노무자가 말했다. "새로 온 양키들이 왔는데, 그들은 아무도 워키 워키 안해. 다들 슬리피 슬리피. 넘버 원은 음식 참참이고."

휴전이 임박했다. 9시쯤 모든 DLI 나팔수들이 소집되었다. 10시가 되자 나팔수들은 DLI 진영의 사격중지와 모든 전선의 사격중지를 알리는 신호를 보냈다. 일제히 사격이 중지되

38선에 서 있는 밥 헤이튼, 한국

고 조용해졌다. 모든 전선에서 적을 향해 쏘던 총을 공중을 향해 발사하면서 불꽃이 솟구쳤다. "전쟁은 끝났어, 친구들!"

우리는 미군 해병을 지원하지 않고, 향후 며칠간은 무인지대에 있는 전사자 시신을 수습하는 임무를 수행했다. 중공군들은 큰 불을 피워 그쪽 전사자들을 화장했다. 불길은 전선 전체를 따라 타올랐다.

마침내 우리는 휴전협정에 의한 38선으로부터 철수하기 시작했다. 그리하여 전선에서 보낸 일 년도 이제 끝이 났다. 우리는 곧 한국을 떠날 것이다.

1953년 9월, 한국에서의 철수에 앞서 대대원들은 부산 유엔 묘지 장례식에 참석했다. 무덤의 나무 십자가를 둘러싸고 동료들에게 작별인사를 했다. 왕립 스코틀랜드 연대의 파이프 군악대가 슬픔 가득한 곡을 연주했다. '당신이 돌아오지 않으면 많은 이들의 마음이 무너지겠지.'

우리 대대의 사상자 수는 전사자 24명에 실종 3명이었다.

8
군 복무 시절 마지막 일화

한국에서의 전쟁은 끝이 났으나, 우리 대대는 곧바로 영국으로 돌아가지 못하고 이집트로 파병되었다. 한국에 복무하면서 결심한 게 있었다. 중공군의 공격과 포화 속에서 한 맹세로, 만약 여기서 살아남아 영국으로 무사히 돌아가게 되면 교회에 꼬박꼬박 나갈 것이라고. 나는 그 맹세를 꼭 지키겠노라고 다시 한번 다짐했다.

부산 유엔 묘지 장례식에 참석한 후 우리는 이집트의 수에즈 운하를 향해 출발했다. 엠파이어 오웰(Empire Orwell)이라는 이름의 수송선이었다. 포트사이드에 도착하는 데 5주가 걸렸다. 인도양에 들어서자 우리가 탄 수송선 양옆으로 수백 마리의 날치, 돌고래, 상어, 거북이들이 수백 마일을 따라왔다.

대대는 포트사이드에서부터 그레이트 비터 레이크(Great Bitter Lakes)가 있는 파이드(Fayid)까지 기차로 이동했으나, 내가 속한 분대(section)의 부대원들은 대대의 모든 장비를 상륙용 주정(Landing Craft)에 싣고 운하를 통해 이동했다. 이틀하고도 반나절을 음식과 물도 없이 가야 했다. 밤이 되면 캡틴은 하룻밤 묵어가기 위해 하선했다. 그러나 우리는 보트와 장비를 지켜야 했기에 아침이 될 때까지 그대로 머물러 있을 수밖에 없었다. 다행히, 이틀인가 지나, 지프를 타고 가던 어떤 장교가 우리를 발견했다. 그는 우리 모두를 몇 차례인가 차에 나눠 싣고 사막에 있는 병영으로 데리고 가, 따뜻한 음식을 제공해 주었다.

마침내 파이드에 도착했다. 수송 트럭을 타고 파나라(Fanara)의 가브리엘 캠프로 갔다. 우리 대대가 주둔하게 된 가브리엘 캠프는 사막에 자리한 막사형 캠프였다. 막사 침상에서 잠을 잘 때면 탄창을 비운 라이플 소총을 손목 끈에 걸고 자야 했다. 도난당할 위험이 있기 때문이다.

캠프의 시설은 매우 열악하고 원시적이어서 아연 철판 양동이가 화장실이었다. 음식도 형편없는 데다 모래파리까지 들끓었다. 부대에서는 모래파리의 숫자를 줄이기 위해 묘수를 짜냈다. 병사들이 각 12마리씩의 모래파리를 잡아서, 양철 식기통에 담아 병장에게 보여주어야 저녁 배식을 할 수 있게 한 것이다. 모두가 모래파리를 잡는 데 혈안이 되었고, 그것들은 곧 다 제거되었다.

이집트에서 우리 대대의 임무는 캠프 위병을 서거나, 왕립전기공학 엔지니어들(Royal Electrical and Mechanical Engineers)의 정수장(water filtration plant) 관련 워크숍을 보조하는 일이었다. 또는 여성공군부대(WAAFS)와 여성해군부대(Wrens) 및 결혼한 가족을 레이디 스미스 병영이나 공항으로 호송하기도 했다.

우리는 캠프를 벗어나 야외극장이나 성공회 클럽에 갈 수 있었는데 클럽에서 홍차, 커피와 콩을 곁들인 토스트 등을 서빙하는 사람은 목사였다. 그런데 캠프를 벗어나려면 말쑥한 완전군장 차림으로 절도 있게 행동해야 하며, 네 명이 한 조를 이루어야 했다.

드디어 복무 기간을 다 채웠다. 우리는 파이드 공항에 집결하여 개조된 랭커스터 폭격기를 타고 본국으로 귀환하라는 명령을 받았다. 하지만 출국 전에 레이디 스미스 병영과 공항에서 2주간 더 위병 임무를 수행해야 했다.

이집트 1953

* * *

마침내 우리는 이집트를 떠났다. 우리가 탑승한 수송기는 몰타에서 잠시 기항한 다음 스탠스테드 공항에 도착했다.

이번에도 음식과 물이 없었다. 딱딱한 건빵으로 때웠는데 꼭 개들이 먹는 비스킷 같았다. 당시 만기제대하는 인원은 약 60명이었다. 스탠스테드에서 런던으로 이동해 하룻밤을 보냈다. 지난 전쟁에서 방공호로 사용하던 런던 지하철에서 잠을 잤다. 다음날 기차를 타고 브란스페스 캠프가 있는 더럼으로 출발했다. 더럼 시티에는 저녁 6시 무렵 도착했다.

캠프로 돌아가는 교통편은 준비돼 있지 않았다. 행정반에 전화로 요청하고 나서야 3톤짜리 트럭이 도착했다. 우리 일행은 1951년에 소집된 브란스페스 캠프 첫 의무 징집병이었고, 또 1953년에 귀환한 첫 대규모 의무 징집병이었다. 캠프로 돌아오니 저녁 7시였다.

우리에게 배정된 숙소는 낡은 오두막으로, 침구도 없이 매트리스는 축축한 데다 창문은 깨져있었다. 상처에 모욕을 더

하듯, 병장은 우리가 깨뜨리지도 않은 창문의 비용을 우리에게 청구했다. 청구액은 개인당 1실링 정도였다. 우리는 그저 집으로 돌아가고 싶은 마음뿐이어서 모두가 청구액을 지불했다. 게다가 우리에겐 군인회 이용이 금지되어, 차 한 잔도 사 마실 수 없다는 사실을 알게 되었다. 캠프 본부에서는 이제 막 입소한 신병들에게 3년간의 복무 서명을 받아내려고 애쓰는 중이었다. 그래서 우리가 새로운 신병들과 대화할 수 없게 하려는 것이었다.

제대 귀가는 다음날이었지만 군은 우리를 제대하는 날 마지막 순간까지 붙들어 놓으려 했다. 늦은 밤이 되어서야 캠프에서 나갈 수 있었다. 밤 열한 시 경이 되자 우리는 잽싸게 캠프를 빠져나가기 시작했다. 헌병 하사관이 우리를 향해 돌아오라고 위협했다. 그는 계속 "돌아와!"라고 소리쳤으나, 우리는 전속력으로 정문을 향해 달려나갔다.

나는 캠프에서 벗어나 칼라일(Calisle)에 도착한 후, 그날 밤은 기사 식당(transport cafe: 고속도로 갓길에 위치한 식당으로 주로 화물 운전사들이 이용함)에서 보냈다. 다음날 거기서 켄들(Kendal)로 가는 트럭을 얻어 탈 수 있었다. 켄들에서 윈드미어의 집

8. 군 복무 시절 마지막 일화

까지는 걸어서 갔다, 모든 장비를 다 짊어지고. 집에 도착했을 때는 새벽이었다.

집에 도착하니 칼라일의 하드리안 캠프로 소집하라는 통지서가 기다리고 있었다. 제4 국경연대(the 4th Border Regiment)에서 5년간 파트타임으로 의무 복무를 하는 일이 남아 있었기 때문이다. 칼라일의 하드리안 캠프에서 약 1주일간 머문 후, 더럼 경보병대에서 나와 국경연대에 합류했다. 여전히 군복을 입은 채로 집으로 돌아왔다.

9
다시 민간인의 삶으로

나에게 있어 민간인의 삶으로 복귀한다는 말은 다시 전기공으로 일하는 것이었다. 하지만 나는 얼마 지나지 않아 말라리아에 걸려 구급차를 타고 켄들 병원으로 실려 갔다. 1954년 2월의 일이었다. 살아남을 수 있는 시간은 겨우 두 시간이었다. 잘못된 약물 처방으로 메플로퀸을 과다 복용했다. 간신히 살아났지만 이후 나는 15년 동안 고열 후유증과 심한 두통에 시달렸다. 그날 이후로 건강이 괜찮았던 적은 한 번도 없었다. 하지만 장애 연금은 없었다.

제대 후에도 매년 2주간은 천막 야영 캠프에서 훈련을 받았다. 첫 번째 캠프 훈련은 1954년 4월, 웨일스의 펨브로크(Pembroke) 부두에 있는 캐슬 마틴(Castle Martin)에서 받았다. 캠프에 집결한 사단의 병력은 대략 14,000명이었다. 나는 칼라일, 할톤 캠프(Halton Camp), 랑카스터, 벨러비(Bellerby), 요크셔 무어, 애플비(Appelby)에서 여러 차례 주말 훈련을 받았다. 그리고 일병(Lance Corporal)으로 진급했다.

* * *

민간인의 삶으로 돌아온 이후의 경력에 관해서는 간단히 개요만 말하겠다. 1958년, 윈드미어 소방대에 들어갔고, 곧 선임 대원으로 승진했다. 4년 후에는 준위로 진급했다. 도합 26년간 현역 대원으로 복무했다.

1950년에서 1953년까지 치러진 한국전쟁에서 겪은 심한 포화와 폭발로 청력이 손상되었기 때문에 20%의 장애 연금을 받았다. 받은 메달로는 한국과 유엔, 이집트의 운하지역에서 받은 메달과 소방대에서 받은 여왕 메달이 있다.

* * *

귀향 후 어느 일요일, 춥지만 맑은 아침, 나는 한국전쟁 중 참호 속에 있을 때 나 자신에게 약속했던 대로 교회에 가기로 했다. 언덕을 따라 내려가는데 목사님이 교회 문밖에 서 있는 것이 보였다. 가까이 다가가자 목사님은 손을 내밀며 나를 환영했다. 그런데 좀더 가까이 다가가자, 그는 내게 내민 손을 재빨리 거두더니 큰 차를 타고 방금 도착한 노부인에게 내미는 것이 아닌가. 나를 완전히 무시하고 말이다. 어쩌면 헌금 접시에 올려놓는 나의 동전이 마음에 안 들었는지도…

어쨌든 그 후로 나는 교회에 꼬박꼬박 나가는 성실한 교인은 되지 못했다. 하지만 나는 항상 크리스천으로 살았다.

내가 자신에게 했던 또 다른 약속은 고향에 돌아가면 전사한 동료의 어머니를 찾아뵙겠다는 것이었다. 동료의 집을 방문해 그 어머니가 문을 열었을 때, 나는 한국전에서 전사한 당신 아들의 동료였다고 말했다. 그녀는 너무 상심해서였는지 "아, 그래요?"라는 말만 하고는 내 면전에서 문을 닫아버렸다.

9. 다시 민간인의 삶으로

* * *

더 이상은 한국전의 끔찍했던 경험에 대해 쓰지 않겠다. 1950년에서 1953년까지 어린 군인들이 전선의 참호에서 겪었던 죽음, 밤낮으로 쏟아지는 폭탄, 박격포, 공중에서 터지는 포탄, 습격, 중공군 보병의 대규모 공격에 대해서는 이제 그만 이야기하겠다.

이런 경험은 우리가 살아가는 매 순간에 스며들어 있어서, 매일 밤 악몽이 되어 찾아온다. 우리는 한국을 잊을 수 없다. 논두렁과 계곡, 바람이 휩쓸고 가는 산등성이에 차갑게 누워 있을 우리의 전우들을 잊을 수 없다. 죽는 순간에도 이 경험을, 그리고 이제는 한국이 자유 국가라는 사실을 잊지 못할 것이다. 그 전쟁에 참여했던 보병연대의 85%가 어린 청년들로, 매우 적은 보수를 받았다. 그들을 다시는 볼 수 없을 테지만, 누구도 이런 일에 대해 언급하지 않는다.

나는 다시는 내가 겪은 일에 관해 이야기하고 싶지 않다. 하지만 그렇다고 이 경험을 잊고 싶지도 않다. 더럼 경보병대의 전우들은 좋은 친구였고 동지였다.

제68 보병연대(The 68th Regiment of Foot), 지금의 더럼 경보병대, 소총부대(The Rifles). 그들은 끈끈한 동지애로 연결된 매우 훌륭한 부대로, 전쟁이 끝난 후 60년이 지난 지금까지도 평생 친구로 남아있다. 그 시절의 그 어떤 순간에도 불만이 없다.

한국전에 참전하여 꼬박 일 년의 복무를 완수했으므로, 제대할 때 나는 20파운드의 포상금을 받았다.

* * *

최근 신문에서 이런 흥미로운 편지를 보게 되었다.

"캡틴 오시 오스본이 2월의 '톡백(Talkback)'에 남긴 논평 가운데 여왕의 즉위 60주년 기념 메달과 관련해 한국전 참전 병사의 시각에서 몇 자 적습니다.

여왕의 대관식 날, 21발의 예포가 적진을 향해 발포되었습니다. 우리는 매우 힘거운 전투를 하고 있었고 장비도 형편없었지요. 병사의 대다수는 18세에서 19세의 의무 징집병이었습니다. 그 전쟁에서 우리는 1048명의 병사를 잃었습니다. 포크랜드 전쟁, 보스니아 전쟁, 이라크와 아프가니스탄 전쟁에서 사망한 병사를 합친 것보다 더 많습니다. 지금과는 다르게 유족들은 사랑하는 이의 시신도 돌려받지 못했지요. 그들은 낯선 땅에 쓰러져 매장되었습니다. 이미 6개의 메달을 받았는데 곧 2개의 메달을 더 받게 될 하급 간부 한 명을 최근에 만난 적이 있습니다. 이런 점을 고려해, 한국전에서 보여주었던 수고와 노력에도 불구하고, 영국에서는 단 하나만의 상을 받은 사람들에게 부디 연민을 가져주기를 부탁합니다.

전에 준위(ex-Warrant Office)였던, 시릴 루거(Cyril Lugar)

* * *

- 나의 시 -

나는 제68 연대에 들어가겠다는
선의를 품고 부모를 떠나왔다.
부모님은 가득한 슬픔과 비탄 속에서
내가 브란스페스 캠프로 가는 것을 지켜보셨다.
그리고 나는 전 세계를 떠돌았다.
베를린에서 얼마간, 한국전쟁에서 1년,
그리고 수에즈 운하 지역으로
하지만 이 모든 것 중 가장 좋았던 것은
집으로 돌아오는 길이었다.

한국
고요한 아침의 나라 – 은둔자의 나라
1952-1953

세계 2차대전 무렵 전까지는 서구에서 한국을 방문하는 사람이 없었다. 북한은 대부분 높고 험한 산악 지역으로 겨울에는 눈으로 덮여있었다. 산비탈을 따라 계곡 아래까지 계단식 논이 이어진다. 벼를 경작해야 하므로 논에서 논으로 물이 천천히 흘러 내려와 계곡에 이른다. 물은 그곳에서 다시 큰 호수로 흘러간다. 호수 곳곳에는 물을 저장하기 위해 막아 놓은 댐이 있었고, 우리는 이것을 논둑(Paddy Bunds)이라고 불렀다. 물은 임진강으로 흘러 들어갔다.

이렇듯 크고 거친 산과 논들은 영원히 내 기억 속에 남아있을 것이다. 전쟁의 참혹함은 내 평생에 걸쳐 선명한 악몽을 만들어냈다. 한국은 매우 이상한 나라였다. 그곳 사람들의 삶은 우리와 전혀 달랐다. 전쟁이 끝난 후 한국을 두 번 방문할 기회가 있었는데, 내가 봤던 그때와는 완전히 다른 나라가 되어있었다. 우리가 한국 사람들에게 매우 존경받는 것을 볼 수 있어서, 그리고 좋은 친구를 사귈 수 있어서 나는 매우 자랑스럽다.

한국전 참전 용사 모임 - 제일 왼쪽이 밥 헤이튼

* * *

"재미있는 여행을 떠나는 게 아니라고, 애송이"라고 하는 헌병 하사관의 말을 나는 결코 잊지 못할 것이다. 그의 말이 맞았다.

2016년 5월

22520416 RH Hayton

로버트 헤이튼, 2021
Robert Hayton

애송이, 재미있는 여행을 떠나는 게 아니라고!

인 쇄	2023년 3월 3일
발 행	2023년 3월 10일
지은이	로버트 헤이튼
번 역	인진혜
펴낸이	김민선(김영자)
펴낸곳	대동field
등 록	제 2019-000008호
주 소	서울특별시 종로구 창덕궁길 172-2(가회동)
전 화	02)543-4570
E-mail	meenskim505@korea.com

ISBN 979-11-966063-5-0(03810)

ⓒ로버트 헤이튼, 2023
값 12,000원

이 책의 내용 전부 또는 일부를 이용하려면 반드시 저작권자와
도서출판 대동field와 서면 동의를 받아야 합니다.